스페인어 마법처럼 일인자 되기

한국외국어대학교 스페인어과

이 책의 음원(mp3)은 한국외국어대학교 지식출판콘텐츠원 홈페이지 (press.hufs.ac.kr) – 게시판 – 자료실에서 다운받아 사용하시기 바랍니다.

마무리 그리고 새로운 시작을 스마일로

나의 삶에서 스페인어를 처음 만난 후 여러 해가 흘렀다. 발음을 접하며 첫걸음을 내딛던 순간, 기본적인 문법 규칙들을 기억하려 애쓰던 시간, 사전과 씨름하며 단어 찾기 등 여러 과정 속에서 내 마음에 항상 갈급했던 것은 일상생활에서 원어민들이 실제로 사용하는 표현들을 담은 이야기책과 오디오 북이었다. 책의 내용을 이해하는 것 뿐 아니라 본문을 반복해서 들을 수 있다면 언어의 학습 효과가 뛰어날 것이라는 확신 때문이었다.

이 책의 작업을 통해 오랫동안의 생각이 실현되었다. 본고의 텍스트는 원어민이 다양한 주제에 대해 대화자에게 이야기하는 것 같은 구문으로 구성되어 있다. 주인공인 양민규가 멕시코 연수를 하며 접하는 많은 사람들, 그의 일상생활, 문화와 관련된 내용 뿐 아니라 우리의 인생에 대해서도 사색할 수 있는 주제들을 담고 있다. 이 책을 구상하고 본문을 써나가면서 나의 경험과 상상의 두 세계를 맘껏 드나들었고 한 순간 그저 스쳐갔던 감성의 찰나들을 다시 끄집어 낼 수 있었다. 더욱이 그 동안 덤덤히 기억 속에 존재했던 고마운 사람들이 책의 등장인물이 되어 영원히 이 책과 함께 하게 되었다.

언어 교육의 궁극적인 목표는 의사소통이다. 이를 위해서는 화자가 상대방의 표현을 이해하는 듣기 능력이 우선시 되어야 한다. 이 책이 추구하는 것은 스페인어 학습자가 본문을 읽고 이해하는 것에 그치지 말고 되풀이해서 들음으로써 귀가 트이는 것이다. 이를 가능하게 하기 위해 각자 배역을 맡은 17명의 원어민들이 총 25과 전문을 녹음하여 듣기 연습이 가능토록 하였다. 본문을 반복해서 듣고 큰소리로 많이 읽으면 자연적으로 언어구사력이 향상되고 스페인어에 대한 흥미가 높아지며, 어느 순간 그들이 쓰는 표현을 유창하게 사용하고 있는 자신을 발견하게 될 것이다. 이 책의 마지막 장을 넘기는 순간 이러한 마법 같은 일이 일어나 스페인어 고수로서 미소를 지어봄이 어떨는지.

정 혜 정

Alfredo Herrera M.

PROLOGO

Como vehículo de comunicación, la lengua es algo vivo que adquiere características propias tanto en su expresión oral como escrita.

Para el estudiante que se inicia en el estudio de la lengua, la introducción de vocablos, locuciones y formas narrativas gramaticalmente simples parecería ser lo más apropiado, y solo más tarde, una vez que haya adquirido los principios básicos, convendría presentarle las formas lingüísticas más complejas. Sin embargo, aunque aparentemente este argumento nos parece pedagógicamente lógico, la realidad es que el extranjero que vive en un país de habla española no va a encontrarse en su vida cotidiana con personas que se expresen con palabras y frases que se adapten al grado de dificultad y complejidad en el que se encuentra su estudio de la lengua. La gente le hablará y escribirá como habla y escribe normalmente. Por eso, es importante que el estudiante se encuentre, ya desde el principio, con el lenguaje vivo y ordinario.

Las lecturas de este texto han sido elaboradas bajo esta perspectiva. Tanto los diálogos como las narraciones contenidas en este libro de lectura pretenden familiarizar al estudiante con las expresiones y formas propias del habla y la narrativa en español.

Con el objeto de dar un poco de unidad al contenido de las lecturas hemos organizado el libro en torno a la experiencia de un imaginario joven coreano que va a estudiar a México en un año de intercambio cultural. Las situaciones y relatos que aparecen en las lecturas nos hablan de las experiencias, contactos y reflexiones que el muchacho tiene y hace a lo largo de los meses de su estancia en ese país hispano parlante.

Las grabaciones que acompañan al libro tienen por objeto que el estudiante pueda escuchar repetidamente las lecturas que ha estudiado y analizado en clase para que dicho aprendizaje sea asimilado más profundamente.

La elaboración de un libro de esta naturaleza difícilmente resulta ser totalmente original o producto de un solo individuo. Son muchas las personas a quienes tenemos que agradecer su colaboración en la preparación de este proyecto. Javier Herrera, Raymundo Mier, Carmen Herrera, Claudia Romero, Lorena Oliva y Mauricio Sosa tuvieron la gentileza de proporcionarnos ideas y material para la elaboración de las lecturas. Un grupo entusiasta de estudiantes y maestros mexicanos participaron con gusto y con talento en la elaboración del CD que acompaña este libro. Carlos Bernabé Pacheco Reyes, Rosa Margarita Vásquez Quintas, Mónica Ruiz Bravo Ambrosio, María Elena Villegas Martínez y Mitzi Fernanda Alcalá Morales hicieron las voces de los compañeros del protagonista en el instituto de lenguas. El Sr. Antonio González Roser, Laura Silvia Cervantes, Pedro Luis Espinoza Robles, Katia Gabriela Paulino Vásquez y Roselia Gabriela Ramírez Santander hacen el papel de los miembros de la familia adoptiva de nuestro personaje central y Jairzinho Víctor Alcázar López, el de su verdadero padre. Carmen López Echeverría y el Sr. Ignacio Franco Jaime completan el grupo con sus papeles de Maestra y Narrador, respectivamente. Y, además de su participación en la grabación de otros personajes secundarios, toda esta obra fue realizada bajo la organización y dirección de la Profa. Lupita Bante Antonio y del Sr. Prof. y Director Sergio Raúl Herrera Meza. A todas estas personas les agradecemos de corazón su generosa colaboración.

Hyejeong Jeong

Alfredo Herrera M.

목차

Lectura 01

PRESENTACIÓN GENERAL DE LOS PERSONAJES DEL LIBRO

Yang Mingyu: Muchacho coreano, estudiante de español en la Universidad Hankuk de Estudios Extranjeros. Va a estudiar en México durante un año, en una academia de lengua española

(Luis y su familia).

Padre: Es el señor Antonio González. Es arquitecto y trabaja en una compañía internacional.

Madre: Es la señora Estela Santana. Ahora es solo ama de casa, pero de profesión, es diseñadora de interiores.

Antonio: Es el hermano mayor de Luis. Tiene 21 años y es estudiante de veterinaria en la UNAM (Universidad Nacional Autónoma de México). Actualmente está en Estados Unidos estudiando inglés.

Luis: Es el amigo de Mingyu. Tiene 19 años y está en el último año (tercero) de la preparatoria en el Centro Universitario México.

Estela: Es una hermana de Luis. Tiene casi 17 años y va en primero de preparatoria.

Virginia: Es la hermana menor de Luis. Va a cumplir 15 años y estudia el segundo año de secundaria.

(Los compañeros de Mingyu en la academia).

Kim Hoa: Es una muchacha de Vietnam. Estudia relaciones internacionales en la Universidad Nacional de Vietnam que está en la ciudad de Ho Chi Minh.

Mark: Su nombre completo es Mark Mahon. Es estudiante de historia en la Universidad de Santo Tomás, en Manila. Él es filipino de nacimiento.

Paola: Paola Rinieri es una jovencita italiana de 19 años de edad que está por entrar a la universidad en su país.

Rachel: Se llama Rachel White. Rachel es originalmente de Londres pero estudia lingüística y español en la Universidad de Manchester.

Tatyana: Tatyana Zetova es una muchacha de Turquía. Estudia relaciones internacionales en la Universidad de Estambul.

(En la sala de llegada del aeropuerto de la Ciudad de México, temprano en la mañana).

Luis: ¡Hola! Tú eres Mingyu, ¿verdad?

Mingyu: Sí, yo soy Mingyu. ¿Tú eres Luis? ¡Qué sorpresa, eres muy alto! Y ¿quién es ella?

Luis: Ella es mi amiga Claudia. Es una compañera de la escuela.

Claudia: Buenos días, Mingyu. Gusto en conocerte. ¡Bienvenido a México!

Mingyu: ¡Claudia, mucho gusto! ¿Tú también eres mexicana? ¡Tus ojos son azules y tu pelo es rubio!

Claudia: Sí, yo soy mexicana, pero mi mamá es de Holanda.

Mingyu: ¡Con razón! Pues, encantado de conocerte.

Claudia: ¿Qué tal el vuelo?

Mingyu: Muy largo, por eso estoy muy cansado.

Luis: Bueno, vamos a la casa. El coche está en el estacionamiento del edificio de enfrente.

(En la casa de Luis).

Luis: ¡Ya llegamos! ¡Aquí estamos!

Mamá: ¡Hola, hola!

Papá: ¡Bienvenido, Mingyu! ¡Estás en tu casa!

Mingyu: ¡Buenos días! Señor, señora, ¡mucho gusto en conocerlos!

Mamá: El gusto es nuestro. Yo soy la mamá de Luis y él es su papá.

Papá: Claudia, ¡bienvenida tú también!

Claudia: Muchas gracias, señor González.

Mamá: El desayuno está listo. Vamos al comedor.

Mingyu: Luis, ¿y tus hermanas?

Luis: Están de camino a la escuela. Regresan a casa hasta las 4 de la tarde.

Mingyu: ¿Cuáles son sus nombres?

Luis: La mayor se llama Estela como mi mamá y la menor, Virginia pero en casa, de cariño, la llamamos Virgi. Las dos son muy jóvenes.

Mingyu: El desayuno está muy sabroso. ¿Cómo se llama este platillo?

Mamá: Son 'huevos rancheros'. Es un platillo mexicano típico.

(En la noche, a la hora de la cena).

Mamá: ¡Todos a la mesa! ¡Vamos a cenar!

Luis: (A Mingyu) Mingyu, vamos a cenar.

Mingyu: Sí, vamos.

(Todos se sientan alrededor de la mesa).

Estela: Luis, ¿cómo se llama tu amigo?

Luis: Él también habla español.

Estela: (A Mingyu) ¿Hablas español?

Mingyu: Sí, un poco. Estudio español desde hace dos años.

Virgi: ¿En dónde estudias español?

Mingyu: En una universidad de Seúl.

Papá: ¡Felicidades, Mingyu! Para dos años de estudio, de verdad que hablas muy bien el español.

Mingyu: Estudiar lenguas extranjeras es un reto y un placer para mí. El español es muy interesante y útil, aunque es un poco complicado, sobre todo los verbos.

Mamá: Sí, así es, pero aquí vas a practicar mucho con nosotros.

Virgi: Sí, sí. Nosotros te ayudaremos a aprender más.

Mamá: ¡Cuidado con Virgi porque habla como una cotorrita! Es decir, habla mucho.

Virgi: ¡Ay, mamá, cómo eres! Sí platico, pero no es para tanto.

Mingyu: Gracias a todos por recibirme en su casa. (a Estela) Tu nombre es Estela, ¿verdad? ¿En qué escuela estudias? ¿En qué año vas?

Estela: Virgi y yo vamos al Instituto Miguel Ángel. Yo voy en primero de prepa y Virgi está en segundo de secundaria.

Mingyu: ¡Qué gusto me da tener una familia en México!

Virgi: ¡A mí me da más gusto tener un hermano coreano tan guapo!

Estela: Virgi, ¡qué coqueta eres!

(Unos días después, en la clase de la universidad).

Maestra: ¡Buenos días a todos! Yo soy la maestra de conversación. Mi nombre es Leticia Gutiérrez. La clase de conversación es todos los días, de lunes a viernes. El horario es de las 9 a las 11 de la mañana. Vamos a presentarnos. ¿Tú, cómo te llamas? ¿De dónde eres?

Mingyu: Yo me llamo Yang Mingyu y soy de Corea. Soy estudiante en el Departamento de Español de la Universidad Hankuk de Estudios Extranjeros.

Rachel: Yo soy Rachel White. Yo soy inglesa y estudio lingüística en la Universidad de Manchester.

Kim Hoa: Mi nombre es Kim Hoa. Yo soy estudiante de relaciones internacionales en la Universidad Nacional de Vietnam, en la ciudad de Ho Chi Minh.

Tatyana: Yo me llamo Tatyana Zetova. Soy de Turquía y yo también soy estudiante universitaria. Mi área de estudios también es relaciones internacionales y mi universidad es la Universidad de Estambul.

Mark: Mi nombre es Mark Mahon y soy de Filipinas. Soy estudiante de historia en la Universidad de Santo Tomás, en Manila. Me da mucho gusto estar en México.

Paola: Yo soy Paola Rinieri, italiana. Estoy un poco cohibida porque todos ustedes son estudiantes universitarios y yo todavía no. Yo acabo de terminar la preparatoria y deseo entrar a la universidad el año próximo.

Maestra: ¡Me da mucho gusto conocerlos! ¡Bienvenidos todos a México! y ¡feliz estancia!

Vocabulario

presentación f. 소개
personaje m. 인물
muchacho m. 청년
arquitecto m. 건축가
ama de casa f. 주부
preparatoria f. 고등학교
completo adj. 전부의
compañero m. 동료
vuelo m. 비행기 여행
edificio m. 건물
listo adj. 준비된
cariño m. 애정
huevos rancheros m. pl. 멕시코식 계란 요리
complicado adj. 복잡한
maestro m. 선생
coqueta adj. 유혹하는
general adj. 일반적인
libro m. 책
año m. 해, 연
compañía f. 회사
diseñador de interiores m. 인테리어 디자이너
secundaria f. 중학교
nacimiento m. 출생
escuela f. 학교
estacionamiento m. 주차장
desayuno m. 아침
comedor m. 식당
platillo m. 음식
típico adj. 고유의
preocuparse v. 걱정하다
cuidado m. 조심
lunes m. 월요일

viernes m. 금요일	horario m. 시간표
presentarse v. 소개하다	Turquía f. (국명) 터키
cohibido adj. 소심한, 겁나는	estancia f. 체류

Expresiones

1. Yo soy Mingyu. (나는 민규야)

   Ser는 불규칙 동사로 직설법 현재의 경우 soy, eres, es, somos, sois, son의 변화형을 갖는다. 주로 주어와 뒤에 나오는 보어를 연결시키는 연계동사로 사용된다.

2. Estoy muy cansado. (나는 매우 피곤해)

   Estar는 불규칙 동사로 직설법 현재의 경우 estoy, estás, está, estamos, estáis, están의 변화형을 갖는다. 형용사와 함께 사용되는 경우에는 주관적 느낌, 육체적 또는 정신적 상태를 표현한다.

3. ¡Bienvenido, Mingyu! (환영한다, 민규야)

   이는 환영의 표현으로 사용되며 환영하는 대상의 성과 수에 일치시켜야 한다. 예를 들어, ¡Bienvenida, María!, ¡Bienvenidos, todos ustedes!, ¡Bienvenidas, chicas!라고 표현한다.

4. ¡Estás en tu casa! (편안하게 있어)

   이 표현의 문자적 해석은 "너는 너의 집에 있어"이다. 집에 방문한 사람에게 이 표현을 사용하는 것은 마치 자기 집에 있는 것처럼 편안하게 생각하라는 배려의 표현이다.

5. Vamos al comedor. (식당으로 가자)

Ir는 불규칙 동사로 직설법 현재의 경우 voy, vas, va, vamos, vais, van으로 변화한다. 또한 'Ir a + 동사원형'의 형태로 (~을 할 예정이다)의 의미로 사용된다.

6. De cariño la llamamos Virgi. (우리는 애칭으로 그녀를 Virgi라 불러)

호칭을 사용하는 경우에 이 경우처럼 Virginia를 Virgi라는 애칭으로 축약해 부르는 경우가 흔하다.

7. Para dos años de estudio (2년 공부한 것 치고는)

전치사 para의 비교용법으로 '~치고는, ~에 비해'라고 해석한다.

Carlos no es muy alto para su edad. (Carlos는 나이에 비해 키가 그리 크지 않다)
Para médico, sabe poca medicina. (그는 의사치고는 의학을 거의 모른다)

8. No es para tanto. (그 정도까지는 아니야)

Tanto는 단순히 '많다'는 의미의 mucho와는 다르게 '그렇게 많은'이란 의미로 사용된다.

9. ¿En qué año vas? (몇 학년이니?)

이 예문에서 año는 '학년'이라는 의미이다.

10. Yo acabo de terminar la preparatoria. (나는 고등학교를 갓 졸업했어)

'Acabar de 동사원형'은 '방금 ~을 하다'의 의미로 사용된다.

11. Está por entrar a la universidad. (머지않아 대학에 입학할 거야)

Estar por 동사원형 은 '머지않아 ~을 할 것이다'의 의미로 사용된다.

LA CASA DE MI AMIGO

¡Hola! Mi nombre es Mingyu, pero en español me llaman Ramón. Tengo 22 años y soy estudiante universitario.

Yo soy de Corea pero actualmente participo en un programa de intercambio académico. Por eso ahora vivo en México en la casa de mi amigo Luis Gonzálcz. Luis también es estudiante y en el futuro desea estudiar ingeniería en Corea.

La Ciudad de México es muy grande y está muy poblada. En toda la zona metropolitana hay más de veinte millones de habitantes.

La casa de Luis está en la calle de Bolívar, en el centro de la ciudad. La dirección completa es Bolívar 466, colonia Algarín, México, D.F. (Distrito Federal). La casa está en un lugar con muy buena comunicación porque en las calles cercanas circulan muchos autobuses, microbuses y taxis. Además, a solo un par de cuadras de la casa hay también una estación del metro.

La casa no es nueva ni muy moderna, pero es bastante grande y cómoda. Tiene dos pisos. En el primer piso, al lado izquierdo hay una gran cochera que también es el patio de la casa. Al fondo, a la derecha hay un pequeño jardín con flores. En cl primer piso, al lado derecho están la sala y el comedor. Al fondo, está la cocina con un pequeño antecomedor adyacente. En dirección de la calle, hay también una gran ventana. Afuera está el pequeño jardín de entrada.

En la casa de Luis, además de sus padres, también viven sus dos hermanas. Como la familia es relativamente grande, en el segundo piso, hay varias habitaciones. Al fondo está la pieza rosa o el cuarto de las muchachas. Es el cuarto de las hermanas de Luis y tiene un pequeño balcón que da a la calle. Cerca de la escalera hay dos cuartos: uno azul es el cuarto de los muchachos (la habitación de Luis y su hermano) y otro verde es el cuarto de las visitas. Yo uso el cuarto de los muchachos junto con Luis porque su hermano está ahora en los Estados Unidos. En el lado opuesto a la escalera hay dos cuartos más: la recámara de los papás de Luis y un salón estudio. Los cuartos están muy iluminados porque todos tienen una ventana hacia el exterior. En ese piso también hay dos baños, uno para el uso de los varones y otro para el uso de las damas. Al lado del salón estudio, hay también una pequeña terraza externa.

Por último, en el primer piso, más allá del jardín, hay un cuarto de lavado con un patio abierto para el tendido de la ropa, y junto están las habitaciones de la servidumbre.

Yo estoy muy contento de vivir en la casa de Luis. Todos sus familiares son muy buenos conmigo. ¡Es bueno sentir que tienes una familia en México también!

Vocabulario

casa f. 집
actualmente adv. 현재
ingeniería f. 공학
zona f. 지역
habitante m. 거주민
metro m. 지하철
piso m. (건물이나 아파트의) 층, 아파트(스페인에서)
cochera f. 차고
sala f. 거실
adyacente adj. 인접한
relativamente adv. 상대적으로
iluminado adj. 밝은
amigo m. 친구
participar v. 참가하다
pobrado adj. 인구가 밀집한
metropolitano adj. 대도시의
circular v. 돌다, 순회하다
cómodo adj. 안락한
izquierdo adj. 왼쪽의
patio m. 마당
cocina f. 부엌
derecho adj. 오른쪽의
escalera f. 계단
exterior m. 외부

Expresiones

1. Tengo 22 años. (나는 22살이다)

Tener (~을 가지다)는 불규칙동사로서 직설법 현재의 경우 tengo, tienes, tiene, tenemos, teneis, tienen으로 변화한다.

2. Hay más de veinte millones de habitantes. (20만 명 이상의 거주민이 있다)

Hay 동사는 estar와 구별하여 사용하여야 한다. 주로 부정대명사 (nada, nadie, algo, alguien), 부정관사 (un, una, unos, unas), 수량형용사 (dos, muchos, pocos)를 동반하는 명사 혹은 관사를 동반하지 않는 명사와 함께 사용된다.

3. A solo un par de cuadras de la casa (집에서 단지 두 블럭 거리에)

스페인어권에서는 거리(distancia)를 이야기할 때 cuadra(블럭)의 개념을 사용한다.

4. Tiene un pequeño balcón que da a la calle.

(거리를 향하고 있는 조그마한 발코니를 가지고 있다)

이 구문에서 dar는 '~를 향하다'의 의미로 사용된다.

Lectura 03

NECESITO UNAS COSAS PARA LA ESCUELA

(Suena el teléfono).

Claudia: ¿Bueno?

Mingyu: ¿Con quién hablo?

Claudia: Claudia Jiménez, a sus órdenes.

Mingyu: Claudia, soy Mingyu, ¿me recuerdas?

Claudia: ¡Por supuesto! Eres el amigo coreano de Luis, ¿no? ¿En qué puedo servirte?

Mingyu: Esta tarde necesito comprar unas cosas para la escuela pero no sé adónde ir. ¿Me puedes ayudar?

Claudia: ¡Con mucho gusto! Pero... ¿y Luis?

Mingyu: Él está ocupado esta tarde. Tiene entrenamiento con su equipo de fútbol, por eso no puede ir conmigo.

Claudia: Bueno, no hay problema. Yo te acompaño. ¿Qué cosas necesitas comprar?

Mingyu: Necesito comprar unos libros de texto y material para escribir, dibujar y hacer tareas.

Claudia: Entonces podemos ir, primero, a una librería en el centro y después, a una papelería muy grande que está cerca de tu casa. ¿Te parece bien?

Mingyu: ¡Perfecto! ¿A qué hora tienes tiempo?

Claudia: ¿Qué te parece a las tres y media, después de comer?

Mingyu: De acuerdo. ¿En dónde nos vemos?

Claudia: Cerca de tu casa está la estación Chabacano del metro. ¿La conoces?

Mingyu: No, pero le pregunto a Luis.

Claudia: Es fácil de encontrar. Entonces, nos vemos hoy a las tres y media, en la entrada de la estación Chabacano del metro.

Mingyu: Allí nos vemos a esa hora.

(En la estación del metro Chabacano).

Mingyu: Claudia, ¡qué puntual eres! ¡Son las tres y treinta exactas!

Claudia: Es fácil calcular el tiempo en el metro. Mi casa no está lejos de aquí. ¿Listo?

Mingyu: Claudia, perdona la molestia, pero todavía no conozco muy bien la ciudad.

Claudia: No hay problema. Me da gusto poder ayudarte. Además, esta tarde estoy libre y me gusta salir a la calle.

Mingyu: Bueno, yo te sigo. Tú eres mi guía.

Claudia: Vamos a tomar el metro y nos bajamos en la estación Pino Suárez. En el Pasaje Pino Suárez hay muchas librerías. Allí podemos comprar tus libros de texto.

Mingyu: Uno de los libros que necesito es de la editorial Larousse y los otros dos son de la editorial Trillas.

Claudia: Estoy segura de que allí los encontramos.

(Más tarde, en la papelería).

Claudia: Aquí está la papelería.

Mingyu: En Corea también tenemos grandes tiendas de artículos escolares y de oficina.

Claudia: Esta es de una compañía americana muy grande. ¿Qué necesitas comprar?

Mingyu: Quiero, primero, echar una ojeada. ¿Tienes prisa?

Claudia: No, no tengo prisa. Toma tu tiempo. Ve lo que hay en la tienda y nos vemos aquí dentro de un rato.

(Unos 15 minutos después).

Mingyu: ¡Hay muchas cosas interesantes! A mí me atraen mucho los artículos de papelería y oficina.

Claudia: Bueno, entonces, ¿qué quieres comprar?

Mingyu: Necesito tres cuadernos de raya y uno cuadriculado.

Claudia: ¡Mira! estos cuadernos rayados están en oferta. ¡Tres por el precio de dos!

Mingyu: ¡Qué bueno! También necesito unos lápices HB2.

Claudia: Es más económico comprar cajas de 5 lápices. ¿Quieres una caja?

Mingyu: Dame 2 cajas porque me gusta mucho dibujar.

Claudia: Entonces, también necesitas un bloc de dibujo. ¿Qué tamaño usas?

Mingyu: Generalmente uso el tamaño A4.

Claudia: ¿Algo más?

Mingyu: Sí. También necesito unas gomas de borrar, un juego de escuadras, una regla de 30 cm. (centímetros), una caja de lápices de colores y un sacapuntas.

Claudia: ¿No necesitas plumas para escribir?

Mingyu: No. Tengo una pluma fuente muy buena y varios bolígrafos. No necesito más.

Claudia: ¿Eso es todo?

Mingyu: Creo que sí. ¿Dónde está la caja de pago?

Claudia: Las cajas están allá, a la entrada. ¿Vas a pagar con dinero en efectivo o con tarjeta?

Mingyu: Voy a usar mi tarjeta de crédito. No hay problema, ¿verdad?

Claudia: Por supuesto que no. Si tu tarjeta es de Corea, quizá tarda un poco en ser reconocida, pero seguro que puedes usarla.

(Saliendo de la papelería).

Mingyu: Te agradezco mucho tu ayuda. ¿Puedo invitarte a tomar un café o un helado o algo?

Claudia: Muchas gracias, Mingyu. Pero prefiero regresar a casa inmediatamente. Ya casi son las 7 de la noche y no quiero llegar a casa muy tarde.

Mingyu: No hay problema. Yo te acompaño a tu casa.

Claudia: No es necesario, muchas gracias. Tú te puedes bajar en la estación Chabacano y yo solo voy dos estaciones más del metro. Mi casa está muy cerca de la estación. No hay problema, puedo ir sola.

Mingyu: De acuerdo. Pero un día te invito a tomar un café porque quiero agradecerte tu amabilidad.

Claudia: No hay nada que agradecer. Pero acepto con gusto tu invitación.

Mingyu: Bueno. ¡Vámonos!

Vocabulario

cosa f. 물건
ayudar v. 돕다
entrenamiento m. 훈련
comprar v. 사다
tarea f. 숙제
papelería f. 문구점
conocer v. 알다
entrada f. 입구
calcular v. 계산하다
artículo de oficina f. 사무용품
prisa f. 조급함
cuaderno m. 공책
cuadricular adj. 바둑판 눈금의
caja f. 상자
goma f. 지우개
sacapuntas m. 연필깎이
pluma fuente f. 만년필
caja de pago f. 계산대
tarjeta de crédito f. 신용카드
agradecer v. 고마워하다
escuela f. 학교
ocupado adj. 바쁜
equipo m. 팀
acompañar v. 동반하다
librería f. 서점
tiempo m. 시간
encontrar v. 발견하다
puntual adj. 시간을 잘 지키는
artículo escolar m. 학용품
compañía f. 회사
interesante adj. 흥미로운
raya f. 선, 줄
lápiz m. 연필
tamaño m. 크기
escuadra f. 삼각자
pluma f. 펜
bolígrafo m. 볼펜
dinero en efectivo m. 현금
reconocido adj. 인식되는
helado m. 아이스크림

Expresiones

1. ¿Bueno? (여보세요?)

전화를 받으며 응대하는 표현으로 멕시코에서 흔히 들을 수 있다.

2. A sus órdenes (말씀하세요)

A las órdenes de ~ (~의 지휘아래)라는 표현이다. 특히 전화 대화에서 많이 사용되는 a sus órdenes의 표현은 '말씀하세요'로 이해하면 된다.

3. ¿Me recuerdas? (너는 나를 기억하니?)

Recordar (~을 기억하다)는 어간모음 -o-가 -ue-로 변하는 불규칙동사로 직설법 현재의 경우 recuerdo, recuerdas, recuerda, recordamos, recordáis, recuerdan의 형태를 가진다.

4. ¿En qué puedo servirte? (무엇을 도와줄까?)

이 표현의 문자적 의미는 "나는 무엇으로 네게 봉사할 수 있어?"이지만 일반적으로 "무엇을 도와줄까?"로 이해하면 된다.

5. Necesito comprar unas cosas para la escuela.

(나는 학교에서 사용할 몇 가지 것들을 사야 할 필요가 있어)

Necesitar (필요하다)는 동사원형과 함께 '~할 필요가 있다'의 의미로 사용된다.

6. ¿Me puedes ayudar? (너는 나를 도와줄 수 있니?)

Poder (할 수 있다)는 동사원형과 함께 '~할 수 있다'의 의미로 사용된다. Poder는 recordar처럼 어간모음 -o-가 -ue-로 변하는 불규칙동사로 직설법 현재의 경우 puedo, puedes, pueden, podemos, podéis, pueden의 형태를 가진다.

7. ¿La conoces? 본문에서는 (그 지하철역을 아니?)

Conocer (알다)는 어떤 사람을 알거나, 사물, 장소들을 식별하거나 가본 적이 있을 때 사용한다. 이 경우엔 이러한 것들을 경험을 통해 알고 있다는 의미이다. 직설법 현재의 경우 conozco, conoces, conoce, conocemos, conocéis, conocen의 형태를 가진다.

8. Perdona la molestia. (귀찮게 하는 것을 용서해)

Perdonar (용서하다)의 tú에 대한 명령의 형태이다.

9. Me gusta salir a la calle. (나는 거리로 나가는 것을 좋아해)

Gustar (~을 좋아하다)는 우리말의 구조와는 다르게 간접목적대명사를 동반하는 형태이다.

	Me gusta caminar
우리말 구조	나는 걷기를 좋아한다.
스페인어 구조	나에게 걷기가 좋아함(gusto)을 준다.

따라서 이 표현은 Me da gusto caminar와 유사하다.

10. Quiero, primero, echar una ojeada. (우선, 나는 대충 훑어보기를 원해)

Echar una ojeada는 '대충 훑어보다'의 뜻으로 사용되는 표현이다. Querer는 동사원형과 같이 '~하기를 원하다'의 의미로 사용되고 어간모음 -e-가 -ie-로 변해 직설법 현재의 경우 quiero, quieres, quiere, queremos, queréis, quieren의 불규칙 동사형태를 가진다.

11. Prefiero regresar a casa inmediatamente. (난 집에 즉시 가는 게 더 낫겠어)

Preferir는 어간모음 -e-가 -ie-로 변해 직설법 현재의 경우 prefiero, prefieres, prefiere, preferimos, preferís, prefieren의 불규칙 동사형태를 가진다. 동사원형과 같이 '~하기를 선호하다'의 의미로 사용된다.

Lectura 04

UN MENSAJE DE INTERNET PARA MI AMIGO

Mi querido amigo:

Te escribo para hablarte sobre mis clases en la academia de lengua española. Te mando este e-mail a la carrera porque estos días estoy muy ocupado y tengo que estudiar mucho.

Estoy muy contento aquí en México pero todos los días tengo que levantarme a las 6 de la mañana y acostarme a las 10:30 de la noche para poder hacer todas mis tareas.

En la mañana, después de tomar un baño y desayunar junto con Luis, tomo el autobús para ir a la academia. Mi primera clase es a las 9. Todos los días tengo clase desde las 9 de la mañana hasta la 1:30 de la tarde. Las dos primeras horas son de conversación en español con la profesora Leticia Gutiérrez. Después de un descanso de 30 minutos, la tercera hora es la clase de gramática con un profesor muy exigente, Don Pablo Aguilar, y la última hora es la clase de cultura que dirige una señorita muy guapa, Yolanda Ramírez.

En mi clase somos seis estudiantes, dos muchachos y cuatro señoritas. El otro muchacho es Mark, filipino y también es estudiante universitario. Las cuatro muchachas son de países diferentes: una es de Vietnam, otra de Italia, otra de Turquía y la última de Inglaterra. Dos de ellas estudian relaciones internacionales en sus países respectivos, otra estudia lingüística y español, y la más joven va a entrar a la universidad el próximo año. Todavía no conozco muy bien a mis compañeros de clase. Luego te hablo más sobre ellos.

En la clase de conversación vamos a platicar sobre nuestras experiencias y planes para el futuro, a compartir nuestras opiniones sobre diferentes asuntos de actualidad y, en general, a charlar sobre diversos temas de interés común. Por eso, todas las tardes en casa tenemos que preparar nuestra intervención sobre el tema a discutir el día siguiente.

Durante el descanso generalmente vamos a la cafetería a tomar un tentempié y a hablar entre nosotros. Mark y yo planeamos ir de vez en cuando a la cancha de básquetbol para hacer un poco de ejercicio físico y relajarnos.

Tú también estás estudiando mucho, ¿verdad? Después te cuento más de mi estancia en México.

Un saludo a todos los amigos por allá. Mingyu.

P.D.: Te mando información sobre la academia de lengua española en donde estudio.

Vocabulario

descanso m. 휴식	tercero adj. 세번째의
exigente adj. 요구가 많은	último adj. 마지막의
respectivo adj. 각자의, 개개의	experiencia f. 경험
plan m. 계획	futuro m. 미래
compartir v. 나누다	asunto m. 안건
charlar v. 이야기하다	interés m. 관심
intervención f. 참가, 참여	discutir v. 논의하다

Expresiones

1. A la carrera (급하게)

   부사적 관용구이다.

2. Tengo que levantarme a las 6 de la mañana y acostarme a las 10:30.

   (난 아침 6시에 일어나고 10시30분에 잠자리에 들어야 해)

   Tener que 동사원형은 '~을 해야 한다'의 의미로 사용되는 동사군이다. Levantarse는 levantar (~을 일으키다)라는 타동사가 재귀대명사 se와 함께 쓰여 '일어나다'의 의미로 사용되는 재귀동사이다. 직설법 현재의 경우 me levanto, te levantas, se levanta, nos levantamos, os levantáis, se levantan으로 변화한다. Acostarse (잠자리에 들다)도 같은 종류의 재귀동사이고 acostar는 어간모음 -o-가 -ue-로 변하므로 직설법 현재의 경우 me acuesto, te acuestas, se acuesta, nos acostamos, os acostáis, se acuestan의 형태이다.

3. La última hora es la clase de cultura que dirige una señorita muy guapa, Yolanda Ramírez.

   (마지막 수업은 아주 예쁜 미혼의 여선생님인 Yolanda Ramírez가 주재하는 문화 수업이다).

   que dirige una señorita muy guapa, Yolanda Ramírez.는 관계대명사 que로 구성된 형용사절로 선행사인 la clase de cultura를 수식한다.

4. Después te cuento más de mi estancia en México.

   (나중에 네게 멕시코에서 내가 거주하는 것에 대해 더 이야기 해줄게)

   Contar는 어간모음 -o-가 -ue-로 변하는 불규칙동사로 cuento, cuentas, cuenta, contamos, contáis, cuentan으로 사용된다.

LA ACADEMIA DE LENGUA ESPAÑOLA

La academia de lengua española en donde estudio es una institución privada. Este centro de estudios tiene el fin de difundir el conocimiento de la lengua española entre las personas de países no hispanoparlantes. Esta institución funciona desde el año de 1965 (mil novecientos sesenta y cinco) y sus programas académicos son altamente apreciados en todo el mundo porque los alumnos egresados de este centro proceden de muchos países de Europa, Asia y África.

Esta academia ofrece diversos programas de gran interés. El programa básico del centro es el de la enseñanza de la lengua española. Este programa está dividido en 8 diferentes niveles: 4 básicos, 3 intermedios y uno superior. Al fin de cada nivel, el estudiante puede hacer un examen de competencia que le permite obtener un certificado que reconoce su conocimiento de la lengua española a dicho nivel. Los alumnos que han terminado el estudio de, al menos, el nivel intermedio, pueden solicitar la admisión al EPLE (Examen de Posesión de la Lengua Española). Este examen, una vez aprobado, da al estudiante la capacidad de seguir estudios superiores en cualquier institución universitaria del país. Los resultados de este examen son también usados por diversas compañías internacionales para seleccionar al nuevo personal extranjero que solicita trabajar en algún país de habla hispana.

Además de la enseñanza de la lengua española, esta academia ofrece varios programas sobre la historia y cultura en México. Los fundadores de este centro educativo tienen la convicción de que la lengua no existe en el vacío, sino que es vehículo de expresión de personas y pueblos concretos y vivos. Lengua y cultura son dos realidades inseparables que no se pueden comprender independientemente la una de la otra.

Vocabulario

institución f. 기관
hispanoparlante adj. 스페인어 사용의
apreciado adj. 평가된
proceder (de) v. ~에서 나오다, 유래하다
dividido adj. 나뉘어진
obtener v. 얻다, 획득하다
reconocer v. 인정하다, 인식하다
solicitar v. 요청하다
aprobado adj. 합격한
resultado m. 결과
personal m. 인력
convicción f. 확신
vehículo m. 매체
inseparable adj. 분리되지 않는
difundir v. 전파하다
funcionar v. 기능하다
egresado adj. 졸업의
ofrecer v. 제공하다
examen de competencia m. 자격시험
certificado m. 자격증
conocimiento m. 지식
admisión f. 입학, 용인
capacidad f. 능력
seleccionar v. 선택하다
fundador m. 설립자
vacío m. 허공
realidad f. 실존, 현실

Expresiones

1. La academia de lengua española en donde estudio
(내가 공부하는 스페인어 어학원은)

En donde estudio는 la academia de lengua española의 관계부사 (donde) 절이다.

2. Los fundadores de este centro educativo tienen la convicción de que...
(이 교육센터의 설립자들은 ~의 확신이 있다)

Que이하의 절은 convicción에 전치사 de로 연결되어 있는 구문이다.

Lectura 05

EN LA CAFETERÍA

(En el salón de clase, al terminar la segunda hora).

Mark: Tenemos media hora de descanso, ¡vamos a tomarnos un café!

Tatyana: ¡Buena idea! Vamos.

Paola: Sí, vamos. Pero yo prefiero algo fresco porque hace mucho calor y además me muero de hambre.

Mingyu: En la cafetería también venden algunas cosas de comer.

Kim Hoa: ¿En dónde está la cafetería? ¿Cuánto tiempo tardamos en llegar? Recuerden que solo tenemos media hora de receso.

Mark: La cafetería está muy cerca, solo aquí enfrente.

(En la cafetería).

Mingyu: Vamos a acercar dos mesas para sentarnos todos juntos. Mark, ayúdame.

Mark: ¡Seguro que sí! Rachel, ¿me detienes mis cosas?

Rachel: ¡Por supuesto! ¡Uf! ¿Qué tienes en tu portafolio que está tan pesado?

Mark: Solo un par de libros de lectura, además de mis cosas de la escuela. Me gusta mucho leer, por eso siempre cargo algún libro interesante.

Rachel: ¿Libros? Parecen piedras.

Mark: ¡Vamos, no exageres!

Mingyu: ¡Listo! Ahora podemos sentarnos todos juntos. Vamos pidiendo lo que queremos tomar.

(Todos se sientan alrededor de las dos mesas).

Mingyu: Parece que aquí no hay servicio de mesa. Hay que pedir las cosas en el mostrador y pagar por adelantado. Ordenen Uds. primero, mientras yo cuido la mesa.

Rachel: Yo también voy después. Paola, pide primero, porque tú eres la hambrienta.

Paola: De acuerdo. Yo voy primero. Kim Hoa, ¿me acompañas?

Kim Hoa: Vamos, pues.

Tatyana: Yo también voy con ustedes.

(En el mostrador).

empleada: ¿Qué desea tomar?

Paola: Mmm, déme, por favor, un capuchino y una rebanada de pastel de queso.

empleada: ¿Vaso mediano o grande?

Paola: Mediano, por favor. ¿Cuánto es?

empleada: Son 35 pesos.

Kim Hoa: Yo solo quiero un café americano mediano.

empleada: Son 12 pesos.

Kim Hoa: (a Paola) ¡Oye! ¡Aquí está muy barato!

Paola: Yo creo que está barato porque la cafetería es de la escuela y los estudiantes siempre somos pobres.

Kim Hoa: ¡Qué bueno! Así, voy a venir más seguido.

(Más tarde, cuando todos tienen su bebida).

Paola: El pastel está muy sabroso. ¿No quieren una probadita?

Tatyana: Si todos tomamos una probadita, te dejamos sin pastel. Mejor cómelo tú sola.

Paola: Me da un poco de pena.

Mark: No te preocupes, todos tenemos también nuestro café. ¡Buen provecho!

Paola: Entonces, me lo como yo sola.

Mingyu: Cambiando de tema, Kim Hoa, tengo curiosidad de saber por qué estudias español. Yo creo que en Vietnam, el español no es muy útil.

Kim Hoa: El sonido de la lengua española es muy agradable y armonioso. Además, tengo mucho interés en los países de Latinoamérica, su historia, su cultura, su desarrollo social y económico.

Rachel: Y tú, Mingyu, ¿por qué estudias español? Imagino que el inglés es más importante en tu país.

Mingyu: Así es. En Corea el inglés es muy importante, pero yo estudio español porque actualmente hay mucha relación comercial y cultural entre Corea y varios países de América Latina y, por supuesto, también con España.

Mark: ¿Y tú, Tatyana? ¿Desde cuándo estudias español? Tengo la impresión de que lo hablas muy bien y con mucha fluidez.

Tatyana: Estudio español desde hace tres años en una academia de lenguas y lo practico regularmente con un amigo mexicano que vive y trabaja en Estambul. El español es una lengua muy importante en el terreno de la diplomacia porque son muchos los países de habla española. Por eso deseo aprenderlo bien y usarlo correctamente.

Mark: En mi caso, yo estudio español porque mi área de estudio es historia. La historia de Filipinas está muy relacionada con España y con México. Además, el español es la lengua usada en muchos de nuestros documentos históricos y obras de literatura de la época anterior a nuestra independencia. Yo no puedo no estudiar español.

Paola: La verdad es que yo estudio español porque para mí es fácil de aprender, ya que es muy semejante al italiano. Mi sueño es poder, un día, trabajar en una ONG (organización no gubernamental) entre los niños pobres de algún país de América Latina. ¡Me encantan los niños!

Kim Hoa: ¿Qué les parece si, en vez de nuestros nombres de origen, usamos mejor algún nombre en español? Como mi nombre es extraño aquí, yo puedo usar mi nombre español que es Ana.

Mingyu: En Corea, algunos alumnos de nuestro departamento tenemos un nombre en español. Mi nombre es Ramón.

Mark: Yo puedo usar Marcos que es el español de Mark.

Tatyana: Entiendo que mi nombre también existe en español. Lo único que cambia es la escritura. Tatyana, en español, se escribe con

<i> en vez de <y> : Tatiana.

Rachel: Mi nombre en español es el mismo, pero la escritura y la pronunciación son diferentes. En español mi nombre es Raquel.

Paola: A mí me da lo mismo porque tanto en italiano como en español mi nombre suena casi igual. En italiano, Paola; en español, Paula.

Mingyu: ¡Qué barbaridad! Ya casi son las once y media. Tenemos que regresar a clase.

Rachel: Vamos a llegar atrasados.

Mark: ¡A correr!

Cafetería

Vocabulario

tardar v. (시간이) 걸리다
acercar v. 가까이하다
portafolio m. 서류 가방
piedra f. 돌
mostrador m. 계산대, 카운터
rebanada f. (길쭉한) 조각
barato adj. 값이 저렴한
pastel m. 케이크
curiosidad f. 호기심
sonido m. 소리
fluidez f. 유창함
terreno m. 세계, 세력범위
correctamente adv. 정확하게
usado adj. 사용되는
obra f. 작품
semejante adj. 비슷한
gubernamental adj. 정부의
extraño adj. 이상한
escritura f. 문자
receso m. 휴회, 휴식시간
detener v. 소지하다, 가지고 있다
cargar v. (짐을) 가지고 다니다
servicio de mesa m. 테이블 서비스
hambrienta f. 배고픈
queso m. 치즈
seguido adv. 자주
probada f. 시식
útil adj. 유용한
armonioso adj. 조화를 이루는
regularmente adv. 정기적으로
diplomacia f. 외교
relacionado adj. 관련된
documento m. 문서
independencia f. 독립
organización f. 기구
pobre adj. 가난한
cambiar v. 변하다
atrasado adj. 늦은

Expresiones

1. Me muero de hambre. (배가 고파 죽을 지경이다)

Morir는 어간모음 -o-가 -ue-로 변하는 불규칙동사로 직설법 현재의 경우 muero, mueres, muere, morimos, morís, mueren의 형태를 갖는다. Morirse de algo는 '~해서 죽을 지경이다'의 의미로 사용된다. 예를 들어

Me muero de sed. (나는 목이 말라 죽을 지경이다)
Se muere de calor. (그는/그녀는/당신은 더워서 죽을 지경이다)
Te mueres de sueño, ¿no? (너는 졸려 죽을 지경이지?)

2. ¿Cuánto tiempo tardamos en llegar? (우리가 도착하는데 시간이 얼마나 걸리지?)

'Tardar en 동사원형'의 형태로 '~하는데 시간이 걸리다'의 뜻으로 사용된다.

3. Recuerden que solo tenemos media hora de receso.
(우리는 휴식시간이 오직 30분이라는 것을 기억해)

Recordar (기억하다)의 3인칭 복수에 대한 명령형으로 본문에서는 ustedes (당신들, 2인칭이지만 3인칭의 동사형태로 변화)를 대상으로 말하고 있다.

4. Mark, ayúdame. (Mark, 나를 도와 줘)

Ayudar (돕다)의 tú에 대한 명령형이다.

5. Hay que pedir las cosas en el mostrador y pagar por adelantado.
(계산대에서 주문하고 선불이야)

'Hay que 동사원형'은 특정 주어를 지칭하지 않고 일반적으로 '~을 해야 한다'의 의미로 쓰인다.

6. Me da un poco de pena. (내가 조금 미안해서)

다음의 예문들은 간접목적어를 동반하는 동일한 형태이다.

A ella le da pena viajar sin ti. (그녀는 너 없이 여행하는 것이 미안하다)
Nos da miedo nadar. (우리는 수영하기가 무서워)
Te da vergüenza llorar, ¿no? (너는 우는 것이 창피하지?)

7. ¡Buen provecho! (맛있게 먹어)

이 표현은 상대방에게 식사를 맛있게 즐기라는 의미로 많이 쓰인다.

8. Por eso deseo aprenderlo bien y usarlo correctamente.
(그래서 나는 그것을 잘 배우고 정확하게 사용하기를 원해)

Desear (원하다)는 동사원형과 함께 사용될 때 '~하기를 원하다'의 의미이다.

9. A mí me da lo mismo (내게는 똑같아)

Lo라는 중성관사가 형용사인 mismo (같은)와 합쳐져 명사화가 되었다.

10 Tanto en italiano como en español mi nombre suena casi igual.

(이탈리아어뿐 아니라 스페인어에서도 내 이름은 거의 소리가 같아)

Tanto A como B는 'A뿐 아니라 B도'의 의미로 'no solo A sino también B'와 유사한 형태이다.

Lectura 06

EL JUEGO DE LA LOTERÍA

La 'lotería' es un juego de salón muy sencillo y divertido. Su origen es europeo, pero en México es muy popular. En México la lotería se conoce desde la segunda mitad del siglo XVIII (dieciocho). Este juego de azar es muy semejante al 'bingo', pero en vez de números las cartas de la lotería tienen imágenes.

Para jugar a la lotería se necesitan: una baraja (=paquete de cartas), unos tableros para los jugadores y unos frijoles u otro tipo de fichas para marcar.

- La **baraja** de la lotería tiene 54 cartas. En cada carta hay una imagen de personas, objetos o animales. Estas imágenes son ahora reconocidas en todo México casi como símbolos populares de su idiosincrasia.
- Los **tableros** o **tablas** para jugar son de dos tipos. Unos tableros tienen 9 imágenes (tres columnas con tres imágenes cada una). Los tableros del otro tipo contienen 16 imágenes (cuatro columnas de cuatro imágenes).
- Los **frijoles** u otro tipo de fichas se usan para marcar las imágenes en los tableros durante el juego. Tradicionalmente se usan frijoles para marcar, pero cualquier otra cosa, fichas, pequeñas monedas o

incluso pedazos de papel también pueden servir como marcadores.

El número de jugadores depende del número disponible de tableros. Un juego divertido necesita, por lo menos, de cinco personas.

En el juego de la Lotería hay una persona que 'canta' las cartas. A esta persona se le llama 'el gritón' (o, si es mujer, 'la gritona'). El gritón es el encargado de tomar cada carta y cantar la imagen dibujada ahí. Los jugadores ponen una marca (frijol o ficha) sobre las imágenes cantadas, si esas imágenes aparecen en su tablero. La primera persona que marca todas las imágenes de su tabla, grita: "¡LOTERIA! y así gana esa partida.

Antes de cada partida, los jugadores o el gritón determinan el objetivo de ese juego. Hay muchos objetivos posibles. Por ejemplo: llenar (=marcar) toda la tabla, o llenar solo la primera línea horizontal, o solo llenar la última columna de la derecha del tablero, etc.

Cada gritón canta la lotería a su estilo. El gritón ideal es el que canta las cartas de una manera divertida, animada y rápida. Sin embargo, él (o ella) tiene que seguir la regla de oro del juego: "Carta cantada, no se vuelve a cantar". Los jugadores necesitan concentración y el gritón requiere de imaginación y rapidez.

Las imágenes de las 54 cartas son:

el gallo	el diablito	la dama
el catrín	el paraguas	la sirena
la escalera	la botella	el barril
el árbol	el melón	el valiente
el gorrito	la muerte	la pera

la bandera
la garza
la bota
el borracho
la sandía
las jaras
el soldado
el mundo
el alacrán
la campana
el sol
el pino
la maceta
el bandolón
el pájaro
la luna
el negrito
el tambor
el músico
la estrella
el apache
la rosa
el cantarito
la corona
el pescado
el arpa
el violonchelo
la mano
el cotorro
el corazón
el camarón
la araña
el cazo
el nopal
la calavera
el venado
la chalupa
la palma
la rana

Tablas de Lotería

Cartas de Lotería

Vocabulario

juego m. 놀이, 게임	sencillo adj. 단순한
divertido adj. 재미있는	popular adj. 대중적인
mitad f. 중간, 반	imagen f. 모양, 형상
tablero m. (장기 따위의) 판	jugador m. 게임 하는 사람
frijol m. 콩	ficha f. (도미노 등의) 패, 말
marcar v. 표시하다	idiosincrasia f. 특징, 개성
columna f. 단, 세로줄	moneda f. 동전
pedazo m. 조각	servir v. 쓸모가 있다
encargado m. 담당자	determinar v. 정하다, 결정하다
objetivo m. 목적	línea f. 선
horizontal adj. 평행의	estilo m. 스타일
concentración f. 집중	rapidez f. 신속함

Expresiones

1. La lotería se conoce desde la segunda mitad del siglo XVIII (dieciocho).
   (Loteríа라는 게임은 18세가 중순부터 알려져 왔다)

   Se conoce는 이 문장에서 conocer (알다)에 수동의 se가 사용된 형태이다. 따라서 이 구문에서는 la lotería가 주어의 기능을 한다. Conocer (알다)의 동사변화는 3과 표현부분에서 다루었다.

2. Otro tipo de tableros contienen 16 imágenes.
   (다른 종류의 게임 판은 16개의 형상들을 포함한다)

   Contener (넣다, 포함하다)의 직설법 현재는 contengo, contiene, contienes, contenemos, contenéis, contienen으로 변화한다.

3. Un juego divertido necesita, por lo menos, de cinco personas.
(재미있는 경기는 최소한 5명의 경기자가 필요하다)

Necesitar de ~ 는 '~를 필요로 하다'의 의미로 사용된다.

Lectura 07

EL TRABAJO DE INVESTIGACIÓN DE MINGYU

Tatyana: Mingyu, ¿qué plan tienes para esta tarde? Te invito al cine.

Mingyu: ¡Ay! Lo siento mucho, pero esta tarde no puedo acompañarte. Tengo que hacer la tarea de la clase de cultura.

Tatyana: ¿Todavía no la haces? Tienes que apurarte porque mañana, viernes, te toca a ti presentar tu investigación ante el grupo.

Mingyu: Sí, voy a usar toda la tarde para hacerla. Espero terminarla a tiempo.

Tatyana: ¿Cuál es el tema de tu trabajo?

Mingyu: Quiero hacer una breve presentación de la Ciudad de México. México es una ciudad muy grande e imagino que también es una gran ciudad. Quiero conocerla un poco más.

Tatyana: Estoy segura de que puedes encontrar mucha información en el internet.

Mingyu: Sí. De hecho, ya tengo bastante material. Ahora solo necesito escoger los puntos a tratar. Esta vez no voy a escribir nada sobre la historia de la ciudad porque, aunque es muy interesante, creo que todavía es bastante difícil para nosotros. En mi trabajo de esta semana solo presentaré algunos puntos de información general.

Tatyana: Así es mejor porque, de esa forma, todos podemos hacer comentarios durante la clase porque todos tenemos la experiencia de vivir en la ciudad. Creo que la discusión va a estar interesante.

Mingyu: Eso espero.

Tatyana: Ni te preocupes. Seguro que todos vamos a participar activamente.

Mingyu: Y entonces, ¿no vas a ir al cine? Puedes invitar a algún otro amigo o amiga.

Tatyana: Mejor lo dejo para otro día. Dame tu teléfono, y así un día de estos te hablo y nos ponemos de acuerdo, ¿te parece?

Mingyu: ¡Claro que me parece! El número de mi celular es 55-1506-5287.

Tatyana: Espera, déjame guardarlo en mi móvil. ¿Me puedes repetir tu número? Un poco más despacio, por favor.

Mingyu: Cinco, cinco; uno, cinco, cero, seis; cinco, dos, ocho, siete. ¿Cuál es el tuyo? Yo también quiero anotarlo en mi celular.

Tatyana: Mi número es el 55-2934-9612. Entonces, así quedamos. Un día yo te hablo y nos vamos al cine. Yo invito.

Mingyu: Bien, tú escoges la película, pero yo pago las palomitas y los refrescos, ¿eh?

Tatyana: ¡De acuerdo! Nos vemos mañana.

Mingyu: ¡Hasta mañana!

Vocabulario	
investigación f. 연구, 조사	cine m. 영화관
apurarse v. 서두르다	escoger v. 선택하다
punto m. 요점, 문제점	comentario m. 논평, 해설
participar v. 참여하다	guardar v. 저장하다
anotar v. 기록하다	película f. 영화
palomitas f. pl. 팝콘	refresco m. 음료수

Expresiones

1. Te toca a ti presentar tu investigación. (네가 조사한 것을 발표할 차례야)

   이 구문은 '간접목적어 + tocar + 주어' 의 형태로 '~순번이 되다'의 의미로 사용된다.

2. Ni te preocupes. (걱정마)

   Preocuparse (걱정하다)의 tú에 대한 부정명령형으로 No te preocupes와 같은 의미이다.

HACIENDO CUENTAS

Llevo ya seis meses viviendo en México y todavía no he enviado las cuentas de mis gastos a mi padre.

La verdad es que me da mucha flojera tener que poner en orden todo el montón de recibos y notas de todo lo que he comprado y gastado durante estos meses. Además, nunca he tenido la necesidad de hacer cuentas y no sé ni cómo empezar. Y para colmo, estos meses, el tipo de cambio entre el peso mexicano y el dólar americano ha variado mucho y tengo que calcular el promedio para hacer la conversión lo más aproximada posible.

Papá no me pide un reporte detallado de cada compra o gasto. El solo quiere el total de dinero usado en los renglones principales de la vida ordinaria. El solo me da por ejemplo: comida, ropa, transporte, etc. Mi problema es que no sé a qué se refiere con el 'etcétera'. Yo he pensado en otros rubros como: libros, utensilios escolares y eventos culturales, pero no sé cómo llamar al rubro en donde entran cosas como jabones, crema de afeitar, pasta de dientes, desodorantes y ese tipo de cosas. En los supermercados, la sección en donde venden estos productos tiene el letrero de 'cosméticos', pero a mí esa palabra me suena más apropiada para los artículos de belleza que usan las mujeres. En fin, yo prefiero usar el título de 'artículos de aseo'.

Creo que en vez de ordenar primero los recibos y notas que tengo, voy a usar mejor la hoja de cálculo de la computadora para ir anotando las cantidades gastadas de cada recibo o nota en la columna correspondiente a cada rubro. Como los rubros no son muchos, este método creo que es más sencillo para ir añadiendo los gastos de cada cosa en su lugar correspondiente.

Tengo entonces, por el momento, los siete siguientes rubros: comida, ropa, artículos de aseo, transporte, libros, utensilios escolares, eventos culturales. Conforme voy anotando las cantidades de los recibos y notas que tengo, si es necesario, puedo añadir las columnas que sean necesarias para cubrir todos los gastos. ¡Ah! puedo también poner de antemano el renglón de 'varios' para colocar ahí los gastos que no se relacionan con ninguno de los títulos de los renglones que menciono en la hoja de cálculo.

¡Manos a la obra!

Entonces, el programa Excel nos va a servir bien para este trabajo. Al archivo le voy a poner el título de 'Gastos de Mingyu'. ¡Así es! Y ahora, voy a escribir, con mayúsculas, en diferentes columnas, el nombre de cada rubro: COMIDA, ROPA ... y VARIOS. ¡Bien! Y ahora, es cosa de ir recibo por recibo y nota por nota y anotar, en la columna debida, las cantidades gastadas.

Mmm... Veo que la mayoría de los gastos son de comida y transporte. Pero estoy apartando algunos recibos y notas que no sé en qué columna poner y no creo que es correcto ponerlos en el renglón de VARIOS. Voy a juntar todas estas notas y recibos y al final voy a decidir si los pongo en VARIOS o añado uno a varios rubros más.

Después de todo, el trabajito no es tan complicado y ¡hasta me parece interesante!

(Después de un rato).

Ya casi termino, pero aquí tengo este buen número de recibos, boletos y notas que no sé en qué rubro colocar. Vamos a ver... estos boletos son del estadio (cuando fui a ver partidos de futbol); estos otros boletos son de varios cines adonde fui a ver películas; estos dos boletos son del teatro; estos recibos y notas son de mis gastos en varios lugares de diversión; estos otros recibos son del gimnasio a donde voy de vez en cuando. ¡Ah!, todo esto lo puedo juntar en un renglón que puedo llamar RECREACIÓN. Sí, así lo haré.

Todas estas notas de medicinas, tónicos, pago de consultas médicas, vacunas, inyecciones y vitaminas, las voy a juntar en un nuevo rubro llamado SALUD.

Y, por fin, los pagos de todas las tarjetas del teléfono celular, del internet y todos los gastos de correo los voy a poner en el rubro de COMUNICACIONES.

Así pues, tengo en total diez diferentes rubros y he podido acomodar todas las notas y gastos en sus respectivas columnas. ¡Bien hecho!

Ahora, solo me falta sumar los gastos de cada columna y convertir el total de mis gastos de pesos a dólares americanos. De verdad que la computadora hace fácil todo este procedimiento y todas estas cuentas.

Solo me resta enviar un e-mail a mi padre para informarle sobre mis gastos. Junto con el e-mail, pienso enviarle, como archivo adjunto, esta hoja de Excel que he usado para hacer mis cuentas.

(Traducción al español del e-mail de Mingyu a su padre).

Querido papá:

Perdón por mi retardo en enviarte la información sobre mis gastos. Confieso que la razón ha sido solo mi flojera y negligencia, pero, de aquí en adelante me comprometo a enviarte un reporte semejante cada dos meses. ¿Te parece bien?

Una de las causas de mi flojera es que no sabía cómo hacer dicho reporte. Como ves, el archivo adjunto que te envío contiene diez diferentes rubros de gastos. Por favor, dime si este formato está bien para seguir usándolo en mis próximos reportes. Si no está bien, dime por favor, qué detalles debo añadir. Espero también tus comentarios sobre las cantidades que he gastado para saber cómo administrar mejor el dinero que me envías cada mes.

Muchas gracias por tu apoyo, confianza y cariño. He aprendido mucho y estoy haciendo todo mi esfuerzo por sacar el mayor provecho de mi estancia en México.

Un saludo cariñoso para mamá.

Tu hijo

Mingyu

(Traducción al español de la respuesta de su padre).

Querido y recordado hijo:

He recibido con mucho gusto tu e-mail y la información sobre tus gastos de estos seis meses. El reporte que me envías está bien hecho y el formato que usas es suficiente para la información que yo necesito. No necesito más detalles. Los rubros que has puesto en tu reporte son muy adecuados y cubren muy bien tus necesidades. Además, esos títulos también pueden ser fácilmente asimilados en el formato de mis cuentas oficiales.

Las cantidades que has usado me parecen razonables, confío en ti y dejo a tu criterio y responsabilidad la decisión sobre el uso del dinero que te envío mensualmente.

Quiero decirte que estoy muy orgulloso de ti. Orgulloso porque has sabido hacer este reporte con inteligencia y responsabilidad, a pesar de ser la primera vez que lo haces. Pero sobre todo estoy muy orgulloso de ti porque sé que estás usando bien tu tiempo y tu dinero y tengo la confianza de que estás aprendiendo mucho y no solo me refiero a la lengua española. Sé que las experiencias que tienes y los amigos que encuentras te hacen crecer y reflexionar y eso, querido hijo, es lo más importante. Aprender a vivir con responsabilidad y sabiduría es lo más importante. ¡Animo y enhorabuena!

Te quiere

Tu papá

Vocabulario

cuenta f. 계산	orden m. 순서
promedio m. 평균	transporte m. 운송
rubro m. 항목	nota f. 전표

artículo m. 조항	correspondiente adj. 해당되는
renglón m. 품목	mayúscula f. 대문자
columna f. (도표의) 열	apartar v. 따로 떼어놓다
complicado adj. 복잡한	estadio m. 경기장
gimnasio m. 헬스장	juntar v. 합치다
vacuna f. 예방접종	acomodar v. (적재 적소에) 놓다
sumar v. 합산하다	procedimiento m. 과정
archivo adjunto m. 첨부파일	hoja f. 종이
retardo m. 지연	negligencia f. 태만
comprometerse (a 동사원형) v. ~하는 것을 약속하다	contener v. 포함하다
adecuado adj. 적절한	administrar v. 관리하다
	asimilar v. 동일하게 하다

Expresiones

1. Poner en orden (정돈하다. 정렬시키다)

2. Hacer cuentas (정산하다)

3. Para colmo (게다가, 그 것도 모자라서)

   이 표현은 일반적으로 안 좋은 일들을 나열할 때 가장 마지막에 언급하는 상황 앞에서 사용된다.

4. El tipo de cambio entre el peso mexicano y el dólar americano (멕시코 페소와 미국 달러간 환율)

   멕시코 화폐는 페소를 사용하고 일상대화에서 환율은 el tipo de cambio라고 표현한다.

5. Conforme voy anotando las cantidades de los recibos y notas que tengo.
(내가 가지고 있는 영수증과 전표들의 비용을 적는 것과 동시에)

Conforme는 접속사로서 (~한대로, ~하자마자, ~하는 것과 동시의)의 뜻으로 사용된다.

6. De antemano (미리)

Antemano가 전치사 de와 함께 사용되어 '미리'의 의미로 사용되는 부사구이다.

7. ¡Manos a la obra! (시작하자)

어떤 일을 시작하자는 의미의 명령형태이다.

8. Ser cosa de ir recibo por recibo y nota por nota
(영수증은 영수증대로 전표는 전표대로 가도록 하다)

9. Solo me resta enviar un e-mail a mi padre.
(단지 아버지에게 이메일 보내는 일만 남는다)

이 표현에서 enviar un e-mail a mi padre가 주어이고 me는 간접목적어이다.

10. De aquí en adelante (지금부터는)

11. Sacar el mayor provecho de algo (무엇을 잘 활용해 최대의 이익을 얻다)

Lectura 09

NO ME SIENTO BIEN

Luis: Mingyu, hoy te veo diferente, ¿qué tienes?

Mingyu: No sé pero hoy me siento muy cansado y no me siento muy bien.

Luis: Te veo un poco pálido y como sin fuerzas.

Mingyu: Sí. Creo que estoy pescando un resfriado.

Luis: Entonces, acuéstate un rato y descansa. Yo te despierto para la cena. Apenas son las tres y media de la tarde, puedes dormirte unas horas.

Mingyu: Creo que voy a seguir tu consejo porque ahora no me siento ni con ánimo, ni con fuerzas para estudiar.

Luis: Te dejo solo en el cuarto. Duérmete. Yo me voy al estudio porque no quiero molestarte.

Mingyu: Gracias Luis. Por favor, despiértame para estar con todos a la hora de la cena.

Luis: ¡Seguro! Descansa. Voy a cerrar la puerta del cuarto porque hay un poco de ruido. Nos vemos al rato.

(A la hora de la cena, en el antecomedor).

Papá: Mingyu, Luis nos dice que no te sientes bien. ¿Cómo estás?

Mingyu: Me duele todo el cuerpo y empiezo a sentir escalofrío. Creo que tengo un resfriado.

Mamá: Después de cenar te voy a preparar un té caliente. Te lo tomas con mucho limón y miel y te acuestas pronto. Mañana temprano vamos a ver al médico.

Estela: Mamá, creo que es bueno tomarle la temperatura. Si tiene escalofrío, muy probablemente también tiene algo de fiebre.

Virgi: Yo creo que sí tiene fiebre. Sus ojos están medio agachados, como cuando uno los siente pesados y eso es una señal de fiebre.

Luis: Virgi, ¡qué observadora eres!

Virgi: ¿Por qué crees que quiero estudiar medicina? Un buen médico debe observar detenidamente a sus pacientes.

Estela: Espera a estudiar preparatoria antes de decidir la carrera que quieres hacer más tarde.

Virgi: ¿Para qué esperar tanto tiempo? Yo ya sé lo que quiero estudiar. La medicina es muy interesante y muy necesaria. Estoy segura de que también durante la prepa voy a querer ser médico.

Papá: Bien, señoritas. Dejamos esa discusión para más tarde. Ahora vamos a ocuparnos de nuestro paciente. Luis, ¿puedes tú acompañar a Mingyu al médico mañana por la mañana?

Luis: Mañana tengo clase temprano, pero puedo dejar de ir a la escuela y acompañar a Mingyu al médico.

Mingyu: No es necesario. Yo puedo ir solo. Únicamente necesito saber en dónde está el consultorio del médico.

Luis: No podemos mandarte solo a un lugar que no conoces. No hay problema, mañana yo te acompaño.

Mamá: No, mi hijo. Como tú tienes que ir a la escuela, yo puedo llevarlo al doctor.

Papá: Bien. Entonces así quedamos.

Mingyu: Muchas gracias, señora. Perdón por la molestia.

Mamá: No es ninguna molestia. Para mí es un gusto porque tú eres mi hijo coreano. Y ahora te preparo tu té. ¿Quién más quiere una taza de té?

Luis: Creo que todos quieren, pero Mingyu y yo la queremos con 'piquete' para quitarnos el resfriado.

Estela: ¡Mira tú, qué buen pretexto! ¿desde cuándo tú también tienes resfriado?

(Al día siguiente, en el consultorio del Dr. Reyes).

Dr. Reyes: Señora Estela, gusto en saludarla. Dígame, ¿en qué puedo servirle?

Mamá: Dr. Reyes, le presento a Mingyu, mi hijo coreano.

Dr. Reyes: ¿Hijo coreano?

Mamá: Sí, está de intercambio académico y vive con nosotros desde hace unas semanas. Lo traigo porque no se siente bien y creo que tiene algo de temperatura.

Dr. Reyes: Mingyu, ¿hablas español?

Mingyu: Sí, un poco.

Dr. Reyes: Mientras te tomo la temperatura, dime cuáles son tus síntomas.

Mingyu: Me duele todo el cuerpo y tengo escalofrío. Además, me siento sin fuerzas y con poco ánimo.

Dr. Reyes: ¿Te duele la garganta?

Mingyu: No. No me duele la garganta. solo tengo algo de tos.

Dr. Reyes: ¿Dolores de cabeza? ¿Dificultad para respirar?

Mingyu: No. Pero también tengo poco apetito.

Dr. Reyes: ¿Desde cuándo te sientes así?

Mingyu: Desde ayer en la tarde, de repente, después de la clase.

Dr. Reyes: Sí tienes algo de temperatura pero no es muy alta. Tus síntomas son de una gripe leve.

Mingyu: ¿Qué tengo que hacer? No quiero perder mis clases.

Dr. Reyes: Hoy es viernes e imagino que no tienes clase el fin de semana.

Mingyu: No. No tengo clase el sábado.

Dr. Reyes: Entonces lo mejor es descansar. Toma mucho líquido, agua o jugo de limón o té. Recuéstate y descansa. Para el lunes, muy probablemente ya te vas a sentir mejor. ¿Quieres tomar alguna medicina para el malestar?

Mingyu: No. Si no es necesario, prefiero no tomar medicina. Prefiero tomar té de jengibre y descansar.

Dr. Reyes: Es lo mejor. También procura taparte la boca al toser y lavarte las manos frecuentemente para no contagiar a los demás en tu casa.

Mamá: Doctor, ¿no es necesario hacer ningún tipo de análisis? solo por precaución.

Dr. Reyes: Los síntomas no son muy serios. No es necesario hacer análisis.

Mingyu: Muchas gracias, doctor. Voy a seguir sus indicaciones.

Dr. Reyes: Adiós Mingyu y ¡buena estancia en México!

Vocabulario

pálido adj. 창백한
pescar v. 잡다, 붙잡다
apenas adv. 겨우
ánimo m. 활력
ruido m. 소음
miel f. 꿀
temperatura f. 체온
agachado adj. 내려앉은
detenidamente adv. 차근차근
carrera f. 직업, 생활
llevar v. 데리고 가다, 가지고 가다
taza f. 찻잔
saludar v. 인사하다
intercambio m. 교환
síntoma m. 증상
tos f. 기침
gripe f. 독감
viernes m. 금요일
agua f. 물
jengibre m. 생강
contagiar v. 전염시키다
indicación f. 지시
fuerza f. 힘, 기력
resfridado m. 감기
consejo m. 충고
molestar v. 귀찮게 하다
escalofrío m. 한기, 오한
médico m. 의사
fiebre f. 열
observar v. 관찰하다
paciente m. 환자
consultorio m. (작은 동네) 의원
quitar v. 없애다
pretexto m. 핑계
presentar v. 소개하다
traer v. 데리고 오다, 가지고 오다
garganta. f. 목
apetito m. 식욕
leve adj. 가벼운
líquido m. 액체
lunes m. 월요일
tapar v. 덮다, 씌우다
análisis m. 분석

Expresiones

1. Hoy te veo diferente, ¿qué tienes? (오늘은 네가 다르게 보여, 무슨 일 있니?)

   Te veo diferente (직역: 나는 너를 다르게 본다)에서 diferente는 동사 이외에 목적어와 연관된 보어로서 목적어의 성과 수에 일치하는 형태로 표현해야 한다. 다음의 예문들이 있다.

   Hoy las veo *distintas*. (오늘 그녀들이 다르게 보이네, 직역: 나는 그녀들을 다르게 본다)
   En este momento te encuentro *bonita*. (이 순간 나는 네가 예쁘게 보이네)

2. Hoy me siento muy cansado. (오늘은 피곤하게 느껴져)

   'Sentirse 형용사' (직역: 자기자신이 ~의 상태라 느끼다)에서 형용사는 주어의 성과 수에 일치해야 한다. Sentir는 직설법 현재에서 어간모음 -e-가 -ie-로 바뀌는 불규칙 형태이다. 따라서 sentirse는 me siento, te sientes, se siente, nos sentimos, os sentís, se sienten으로 변한다.

3. Ahora no me siento ni con ánimo, ni con fuerzas para estudiar.
   (지금 난 공부할 의욕도 없고 기력도 없어)

   'Ni A ni B'는 두 요소를 다 부정하는 것으로 사용된다. 따라서 'A도 아니고 B도 아니다'라고 이해하면 된다.

4. Te dejo solo en el cuarto. (나를 너를 방에 혼자 둘게)

   이 예문에서도 solo는 직접목적어인 te와 관련이 있는데 남성단수인 Mingyu를 향한 말이므로 solo의 형태를 취한다. 만일 같은 표현을 여자인 Carla에게 한다면 Te dejo sola가 될 것이다.

5. Duérmete. (잠을 청해 봐)

   Dormirse의 tú에 대한 명령형이다. 이 경우 dormir의 3인칭 단수형을 사용하므로 duerme (-o-가 -ue-로 변함)에 대명사 te를 붙인 형태이다.

6. Nos vemos al rato. (잠시 후에 보자)

Al rato는 '잠시 후'의 의미로 사용되는 부사구이다.

7. Me duele todo el cuerpo. (몸 전체가 아파)

Doler (~에게 고통을 주다)는 '간접목적어 (아픈 사람) + 동사 + 주어 (아픈 부위)'의 형태로 구문을 형성하므로 우리말과 같은 구조로 생각하면 안된다. 즉, 우리말의 '너는 머리가 아프다'를 doler로 표현하려면 Te duele la cabeza (직역: 머리가 너에게 고통을 준다)라고 해야 한다. 이와 유사한 표현으로 Tienes dolor de cabeza가 있다.

8. Ahora vamos a ocuparnos de nuestro paciente.
(지금은 우리들의 환자에 신경을 쓰자)

Ocuparse de algo는 '~에 신경쓰다, 관심을 가지다'의 의미로 사용되는 유용한 표현이다.

9. Entonces así quedamos. (그러면 우리 그렇게 하기로 하자)

이 표현에서 quedar는 '~하기로 한다'라는 의미로 사용되며 경우에 따라서는 'en + 동사원형'과 함께 오기도 한다.

Quedamos en vernos mañana a las diez. (우리 내일 10시에 만나기로 해)

He quedado en ver a Clara en la biblioteca. (나는 도서관에서 Clara를 보기로 했어)

10. Mingyu y yo la queremos con 'piquete'.
(민규와 나는 그 것을 - 본문에서는 차 한잔 - 술을 조금 넣어서 원해요)

이 것은 멕시코에서 사용되는 재미있는 표현으로 여기서 con piquete란 위스키 혹은 보드카 등 알코올 음료를 조금 가미하는 것을 뜻한다.

11. Dime cuáles son tus síntomas. (너의 증상이 어떤 것들인지 내게 말해)

Dime는 decir (말하다)의 tú에 대한 명령형인 di에 간접목적어 me (나에게)가 함께 사용된 형태이다.

12. Procura taparte la boca al toser. (기침할 때 입을 가리려고 애써봐)

Procura는 tú에 대한 명령의 형태로 동사원형과 함께 사용되어 '~하려 하다'의 의미이다. 이 예문에서는 재귀의 형태인 taparse la boca와 함께 쓰였다.

Lectura 10

ASEANDO LA CASA

Como hoy es sábado, no tenemos clase. Es la hora del desayuno y el papá de Luis nos dice: "Hoy necesito voluntarios para hacer el aseo del patio y para arreglar el jardín. ¿Quién quiere ayudarme?... Si todos colaboramos, podemos terminar el trabajo en un par de horas." La mamá de Luis añade que el pasto está creciendo muy rápido debido al calor, y que es necesario podarlo para tenerlo limpio y elegante. En realidad, hace falta también arrancar de raíz la hierba mala que siempre aparece a estas alturas del año.

Estela se ofrece inmediatamente a podar las flores y regar todo el jardín. Además, ella dice que para cortar el césped se necesita un hombre porque manejar la podadora es muy pesado. Por su parte, la señora González les informa que el patio hay que lavarlo con jabón y cepillo para quitar todas las manchas acumuladas con el tiempo.

Luis me da a escoger entre cortar el pasto o lavar el patio. Yo le digo que prefiero lavar el patio porque nunca he usado la podadora y creo que es peligroso usarla sin saber cómo. Él se burla de mí diciendo que la podadora no tiene nada de peligroso, pero su papá lo reprende porque se da cuenta de que yo estaba pensando en un tipo de podadora diferente al que ellos tienen en su casa. El señor González le hace ver a Luis que yo estaba pensando en un tipo más moderno de podadora que sí puede ser peligrosa si no se sabe usar. Después a mí me explica amablemente que la podadora de ellos es un aparato más tradicional y simplemente mecánico, que no comporta ningún peligro. Más tarde, cuando veo su podadora, caigo en la cuenta de que mi comentario era digno de risa.

Este hecho me hace pensar en la importancia de no precipitarme a hacer juicios o comentarios cuando la gente habla sobre algo que no conozco o que puede ser diferente a lo que yo conozco. Esta prudencia es importante, sobre todo, cuando estamos viviendo en un país diferente al nuestro, donde las costumbres y estilos de vida son diferentes. Antes de hacer comentarios, es importante, primero, observar y tratar de entender lo que los demás están queriendo decir.

Así pues, como todos estamos dispuestos a colaborar, pronto nos ponemos de acuerdo. Estela, Luis y su papá se encargan de podar y arreglar el jardín, mientras que Virgi y yo quedamos de ayudarle a la señora a lavar el patio.

A la pregunta de Virgi sobre los utensilios necesarios para lavar el patio, su mamá le responde que necesitamos un par de escobas para barrer, dos cepillos para lavar, jabón detergente, un par de cubetas para acarrear el agua y dos o tres trapeadores para secar el patio después de lavarlo. El señor González, por su parte, le dice a Luis que para el jardín ellos necesitan la podadora, las tijeras largas para cortar el pasto y las tijeras cortas para podar las plantas y las flores, el rastrillo para juntar el pasto cortado y las ramas podadas, y una manguera para regar todo el jardín, al final.

Como siempre, Virgi es quien le da al evento el toque juvenil. A Luis le sugiere traer su minicomponente para escuchar música mientras trabajan. A Luis también le agrada la idea y dice que va a traer algunos de sus discos compactos.

Terminado el desayuno, cada uno va a su cuarto para cambiarse de ropa y ponerse algo apropiado para trabajar. Todo está listo para iniciar el aseo del patio y del jardín.

(Más tarde, mientras todos están trabajando).

No han pasado mucho más de los treinta minutos de trabajo cuando noto que Virgi está haciendo algunos gestos de malestar. Le pregunto qué le pasa y me dice que ya está cansada de acarrear el agua porque las cubetas están muy pesadas. Al escucharla su mamá, le sugiere a Virgi cambiar de trabajo por un rato. Ella puede acarrear el agua, mientras Virgi me ayuda a mí a cepillar el patio con agua y jabón. Muy contenta, Virgi deja las cubetas y corre a tomar el cepillo y empieza a cepillar con entusiasmo. A mí se me escapa una sonrisa porque pienso, para mis adentros, que el entusiasmo le va a durar poco a Virgi porque cepillar el piso también requiere de mucha fuerza y energía.

Contentos seguimos trabajando mientras charlamos o cantamos juntos siguiendo las canciones del minicomponente.

Me doy cuenta de que lavar el patio es un magnífico ejercicio y le comento a la señora González que si lavamos el patio cada semana, no necesito preocuparme de subir de peso. Esto es suficiente para mantenerme en buena forma física. Ella se muestra de acuerdo conmigo pero me comenta que el patio no es necesario lavarlo cada semana. Hacerlo una vez al mes - añade - es más que suficiente.

"A mí lo que me gusta de esto - dice Virgi - es que todos estamos juntos y podemos platicar mientras trabajamos y disfrutar de la compañía mutua." Yo, de verdad que estoy de acuerdo con ella. Creo que estos momentos son invaluables porque ayudan a crear un sentimiento de unidad y cercanía entre todos los miembros de la familia.

"Perdón por el atrevimiento - les digo - pero yo ya me siento como parte de la familia." Cuando digo esto, veo que a la señora González se le nublan un poco los ojos mientras me dice: "¡Y lo eres, Mingyu! Estamos muy contentos de tenerte entre nosotros. Además, tu presencia nos ayuda a extrañar un poco menos a Toño."

Cuando les pregunto hasta cuándo va a estar Antonio en Estados Unidos, Virgi me contesta que estará allá todo un año pero que piensa venir durante las vacaciones de Navidad. La señora la corrige diciendo que por el momento esos son sus planes, pero que todavía no hay nada claro.

En el jardín Estela, Luis y su papá están muy concentrados cortando el pasto, podando las flores y limpiando las plantas. Estela arranca tanto las hojas secas como las hierbas que solo roban los nutrientes a las flores y plantas. Luis se esfuerza por cortar el césped que ha crecido mucho y empieza a ponerse de mal humor porque la podadora no obedece a su manejo. Su papá le dice a Luis que muy probablemente las aspas de la podadora no están bien afiladas y por eso se atora a cada momento.

Una vez terminando con las flores y plantas, Estela toma las tijeras y se dispone a cortar las orillas del pasto. Su papá le aconseja no recortarlas demasiado porque se ven muy mal. El señor González toma la podadora por un momento y empieza a cortar el césped sin mayor problema. "Papá, - le dice Luis - ¡tú sí que sabes usar la podadora!, pero creo que ya es tiempo de comprar una nueva un poco más moderna." "Tienes razón - le responde su padre - pero como nuestro jardín es muy pequeño, no vale la pena comprar una podadora muy sofisticada. Creo que lo que tenemos que hacer es comprar una podadora manual como esta, pero nueva."

Todos siguen trabajando asiduamente hasta que se oye la voz de mamá: "Ya hemos trabajado más de una hora. Todos, ¡a tomar un refrigerio!"

Vocabulario

asear v. 청소하다
colaborar v. 협조하다
crecer v. 성장하다
elegante adj. 우아한
regar v. 물을 뿌리다
mancha f. 얼룩
peligroso adj. 위험한
aparato m. 도구
prudencia f. 신중함
encargarse (de algo) v. ~을 담당하다
escoba f. 빗자루
cubeta f. 양동이
trapeador m. 걸레
rastrillo m. 갈퀴
voluntario m. (자유의사에 의한) 봉사자
añadir v. 추가하다
podar v. (나뭇가지를) 베어버리다
inmediatamente adv. 즉시
césped m. 잔디
acumular v. 쌓다
reprender v. 꾸짖다
tradicional adj. 전통적인
observar v. 살펴보다
utensilio m. 도구, 용기
barrer v. (먼지나 쓰레기를) 쓸다
acarrear v. (차로) 운반하다
tijeras f. pl. 가위
manguera f. 호스

gesto m. 몸짓	pesado adj. 무거운
entusiasmo m. 열의	requerir de algo v. ~을 요구하다
magnífico adj. 대단히, 훌륭한	disfrutar de algo v. ~을 즐기다
extrañar v. 그리워하다	Navidad f. 성탄절
corregir v. 수정하다	depender de algo v. ~에 의존하다
período m. 기간	concentrado adj. 집중한
arrancar v. 뽑다	seco adj. 건조한
hierba f. 풀	robar v. 훔치다
esforzarse por algo v. ~하기 위해 노력하다	asiduamente adv. 쉬지않고

Expresiones

1. A estas alturas del año (일년중 이 시기에)

A estas alturas는 '현재, 지금'의 의미로 사용된다.

2. Para cortar el césped se necesita un hombre.
(잔디를 깎기 위해서는 남자 하나가 필요하다)

Necesitar (~을 필요로 하다)동사와 수동의 se가 함께 사용된 구문으로 주어는 un hombre이다.

3. El se burla de mí. (그는 나를 비웃는다)

Burlarse de alguien (~을 비웃다)는 반드시 대명사 se와 같이 사용된다. 이 같은 동사들의 특징은 뒤에 보어를 가지고 오는 경우에 특정한 전치사와 오는 경우가 빈번하다. 다음 동사들이 있다.

acordarse de algo ~을 기억하다
arrepentirse de algo ~을 후회하다
enterarse de algo ~을 알다
atreverse a algo 감히 ~을 하다
darse cuenta de algo ~을 알다, 깨닫다
acostumbrarse a algo ~에 익숙해지다

4. Pronto nos ponemos de acuerdo. (곧 우리는 합의를 본다)

Ponerse de acuerdo (합의를 보다)의 형태로 poner는 직설법 현재의 경우 일인칭 단수만 불규칙형을 가진다. 따라서 pongo, pones, pone, ponemos, ponéis, ponen으로 변화한다.

5. Terminado el desayuno, cada uno va a su cuarto para cambiarse de ropa. (아침식사가 끝나고, 각자 옷을 갈아입으려고 방으로 간다)

이 문장에서 Terminado el desayuno는 부사 성격의 절대 종속문으로 terminado는 el desayuno와 성, 수가 일치해야 한다. 유사구문으로는

Acabada la clase, nos marcharemos hacia el norte.
(수업이 끝나면 우리는 북쪽을 향해 떠날 것이다)
Una vez decidido el asunto, es difícil cambiarlo.
(한번 일이 결정되면 그것을 수정하기는 어렵다)
Dobladas las mangas, ella empieza a limpiar la casa.
(소매를 걷고, 그녀는 청소를 하기 시작한다)

6. Muy contenta, Virgi deja las cubetas.
(Virgi는 매우 만족스러운 상태로 양동이를 놔둔다)

이 구문에서 contenta는 동사뿐 아니라 주어와도 관련 있는 보어로 주어의 성과 수에 일치시켜야 한다. 유사구문으로

Ellos regresan a casa *felices* de la vida. (그들은 행복한 상태로 귀가한다)
Carlos toca el piano muy cansado. (Carlos는 매우 피곤한 상태로 피아노를 친다)

7. Empieza a cepillar con entusiasmo. (열의를 가지고 빗질을 하기 시작한다)

Empezar a 동사원형은 '~을 하기 시작하다'의 의미로 사용되며 empezar (시작하다)는 어간모음 -e-가 -ie-로 변하는 불규칙동사로 직설법 현재의 경우 empiezo, empiezas, empieza, empezamos, empezáis, empiezan의 형태를 가진다.

8. A la señora González se le nublan un poco los ojos.

(González 부인의 눈이 조금 흐려진다)

이 표현은 감동을 받아 눈물이 고이는 상태를 묘사하는 표현으로 우리말에 '(감격해서 눈물이) 눈앞을 가린다'에 해당된다. 구조는 간접목적어가 사용되어 los ojos가 주어이고 직역하면 '눈이 그녀에게 흐려진다'의 구조이다.

Lectura 11

PLANEANDO UN PASEO DE GRUPO

(En el aula, al terminar las clases).

Mingyu: ¡Qué interesante la clase sobre la ciudad de Oaxaca y sus alrededores! Se me está antojando visitar esa ciudad.

Rachel: ¿Por qué no nos animamos a ir? El viernes próximo no tenemos clase.

Paola: Entonces podemos salir de México desde el jueves en la tarde y llegar a Oaxaca a dormir. Así tenemos viernes y sábado para visitar la ciudad. ¿Qué les parece?

Mark: Yo tengo una sugerencia.

Kim Hoa: ¿Cuál es tu sugerencia?

Mark: Esta tarde cada uno puede investigar algo sobre el viaje, por ejemplo, el precio y horario de salidas de los autobuses que van a Oaxaca, el lugar y precio de algún hotel a donde podemos llegar, los lugares que podemos visitar, etc. y mañana, a esta hora, podemos planear el viaje.

Mingyu: ¡Seguro! Yo me encargo de investigar sobre el hotel al que podemos ir.

Tatyana: Yo tengo un amigo que viaja mucho al interior del país. El me puede ayudar a conseguir la información sobre autobuses, precios, horario de salidas y todo lo referente al viaje.

Paola: Yo puedo informarme sobre algunos puntos de interés turístico dentro dc la ciudad de Oaxaca y en sus alrededores.

Kim Hoa: Si cada uno, por su cuenta, investiga sobre la ciudad, mañana podemos planear con detalle el viaje.

Mingyu: Entonces ¿todos están de acuerdo con el paseo a Oaxaca? ¿Alguien tiene algún problema para ir?

Mark: El domingo de la semana próxima yo tengo un compromiso con un amigo, pero creo que puedo cambiar la fecha de nuestro encuentro. No quiero perderme el viaje a Oaxaca.

Mingyu: ¿Algún otro problema? ¿Nadie? Bien. Entonces mañana a esta hora planeamos nuestro viaje a Oaxaca? ¿De acuerdo?

Todos: ¡De acuerdo!

Mingyu: Podemos reunirnos en la cafetería y hacer planes, mientras comemos.

Mark: Cada quien puede traer su comida, sandwiches o algo parecido, y así solo necesitamos comprar las bebidas en la cafetería.

Tatyana: ¡Buena idea! Así nos sale más económico.

(Al día siguiente, en la cafetería).

Mingyu: Mientras comemos, vamos haciendo planes, ¿les parece?

Tatyana: Hay varias líneas de autobuses que van a la ciudad de Oaxaca. Los ADO (Autobuses de Oriente) son los que tienen más corridas, una casi cada hora. Los Autobuses Cristobal Colón tienen mejor servicio, pero son un poco más caros y tiene menos corridas. De México a Oaxaca los autobuses tardan unas 6 horas. Todos los autobuses a Oaxaca salen de la TAPO

(Terminal Central de Autobuses de pasajeros Oriente).

Paola: Si salimos alrededor de las 5 de la tarde, llegamos a Oaxaca hacia las 11 de la noche. Es buena hora para llegar a dormir.

Tatyana: Podemos hacer la reservación por teléfono y comprar los boletos la próxima semana.

Mark: De acuerdo. Vamos haciendo la reservación en los ADO, así ahorramos algo y podemos usar ese dinero en nuestro recorrido en Oaxaca.

Rachel: Yo prefiero pagar un poco más pero ir más a gusto.

Tatyana: No hay mucha diferencia en el servicio. Yo pienso igual que Mark.

Mingyu: Hay muchos hoteles y lugares para alojarse en Oaxaca. Los precios son muy variados, hay algunos muy caros y lujosos y otros más baratos pero también más sencillos. Hay un hotel con servicio 'cama y desayuno' (= B&B hotel) a un precio muy económico, solo lo equivalente a 35 dólares americanos. Según mi amigo Luis, quien ha estado en ese lugar varias veces, es un lugar limpio, agradable y los dueños son muy amables.

Kim Hoa: El precio me parece muy bien. Creo que es conveniente alojarnos en ese lugar si no se localiza muy lejos del centro de la ciudad.

Mingyu: No. Está a solo unas cuadras del Templo de Sto. Domingo.

Rachel: ¡Perfecto! El Templo de Sto. Domingo es un lugar que tenemos que visitar.

Mingyu: Entonces, si están todos de acuerdo, voy a hacer las reservaciones en ese hotel. Por internet nos sale más barato.

Mark: ¿Cuáles son los lugares que vale la pena visitar en la ciudad de Oaxaca?

Paola: Las tres iglesias más interesantes para visitar son: la Catedral, la Soledad y la iglesia de Santo Domingo, como dice Rachel.

Kim Hoa: También son tres los museos que no podemos dejar de ver: el Museo Regional de Antropología e Historia que se encuentra en el ex-convento de Sto. Domingo junto a la iglesia del mismo nombre, el Museo Rufino Tamayo y el Museo de Arte Contemporáneo.

Tatyana: No podemos dejar de ver el Zócalo de la ciudad y el Centro Colonial que ha sido declarado Patrimonio Cultural de la Humanidad por la UNESCO.

Paola: Pero también hay lugares muy interesantes en los alrededores de la ciudad.

Rachel: Tenemos que ir a ver El Arbol del Tule, pero también el Jardín Etnobotánico que está cerca del Templo de Sto. Domingo.

Kim Hoa: Yo no quiero perderme Monte Albán que está a solo unos 10 km. de Oaxaca. Mitla está más lejos de la ciudad, pero creo que vale la pena hacer el esfuerzo por ir, ya que es el centro más importante de la cultura zapoteca.

Mark: Tenemos que visitar también lugares en donde vendan artesanías, que son muy famosas en esa zona.

Mingyu: Con toda esta información podemos hacer el plan de cada día una vez llegados a la ciudad, porque así podemos calcular las distancias y organizar mejor nuestro tiempo. ¿De acuerdo?

Todos: ¡De acuerdo!

Vocabulario

planear v. 계획하다

alrededores m. pl. 주변

sugerencia f. 제안

precio m. 가격

encargarse de algo v. ~을 책임지다, 떠맡다

acuerdo m. 동의

fecha f. 날짜

línea f. 노선

corrido adj. 연속적인

ahorrar v. 절약하다

alojarse v. (숙박시설에) 묵다

sencillo adj. 소박한

dueño m. 주인

localizarse v. 위치하다

dejar de 동사원형 v. ~하기를 그만두다

declarar v. 선언하다, 발표하다

zapoteco adj. (멕시코 고대 민족 중 하나인) 싸뽀떼꼬 족의

distancia f. 거리

paseo m. 산보

animarse a +동사원형 v. 용기를 내어 ~하다

viaje m. 여행

horario m. 시간표

referente adj. ~에 관한

compromiso m. 약속

encuentro m. 만남

oriente m. 동쪽

reservación f. 예약

recorrido m. (여행지를) 다니는 것

lujoso adj. 호화스러운

limpio adj. 깨끗한

conveniente adj. 적합한

museo m. 박물관

convento m. 수도원

patrimonio cultural m. 문화 유산

artesanía f. 수공예일

calcular v. 계산하다

organizar v. 편성하다

Expresiones

1. Se me está antojando visitar esa ciudad. (나는 그 도시를 방문하고 싶어지다)

   Antojarse a alguien algo는 우리말의 주어에 해당되는 부분을 간접 목적대명사 (me, te, le, nos, os, les)를 써서 나타낸다. 본문에서는 동사원형 visitar가 주어인 문장이지만 명사가 주어로 오는 경우도 있다.

   Se me antoja un té caliente. (나는 따뜻한 차가 마시고 싶다)

2. Si cada uno, por su cuenta, investiga sobre la ciudad.
   (각 사람이 개인적으로 도시에 대해 알아보면)

   이 문장에서 por su cuenta는 '각자, 개인적으로'의 뜻으로 사용된다.

3. Yo prefiero pagar un poco más pero ir más a gusto.
   (나는 가격을 더 내고 좀 더 편하게 가는 것을 원해)

   A gusto는 '마음이 편하다, 기분이 좋다'의 의미이다.

4. Por internet nos sale más barato. (인터넷을 통하면 값이 더 저렴하게 나온다)

   이 구문에서 salir동사는 간접목적어와 사용되어 '누구에게 결과로서 ~하게 나타나다'의 의미이다.

   Si lo haces de ese modo, te va a salir mucho mejor.
   (네가 그것을 그런 방법으로 하면, 결과가 훨씬 좋을 것이야)
   Ellos piensan hacer escala en Los Angeles, pero así les va a salir más caro.
   (그들은 로스엔젤레스에서 경유할 생각인데 그렇게 하면 더 비싸게 나올 거야)

5. ¿Cuáles son los lugares que vale la pena visitar en la ciudad de Oaxaca?
   (Oaxaca 도시에서 방문할 가치가 있는 장소는 어느 곳들이니?)

   Vale la pena는 '~할 가치가 있다, ~할 만하다'의 의미이다.

Lectura 12

¿QUÉ ES LA VIDA?

Mi querido amigo:

Hoy me ha golpeado fuerte la nostalgia y me he pasado el día en mi cuarto escuchando música, leyendo los e-mails de mi familia y amigos y hojeando varios libros en busca de un poco de consuelo y de paz.

No es fácil vivir fuera de tu país y de tu casa. Cuando viajas a un país extranjero para pasar allí una temporada larga, los primeros días son de novedad y aventura, pero luego, poco a poco empiezas a sentir soledad y el deseo intenso de volver a casa, en donde están tus amigos y en donde todo resulta familiar y gratificante.

Vivir en un país extranjero es, sin duda, una aventura interesante y una experiencia muy enriquecedora, pero también constituye un verdadero reto que nos pide paciencia y un verdadero deseo de crecer y superar dificultades. Yo ya llevo viviendo en México varios meses y, aunque estoy muy contento con mi familia adoptiva, con mis compañeros de clase y amigos y con los cursos del instituto de lenguas, me doy cuenta de que me ha llegado el momento de experimentar esta nostalgia.

Uno de mis maestros y algunos compañeros me dicen que esta es una experiencia normal por la que todos tenemos que pasar cuando vivimos en un país que no es el nuestro. Además, todos me aseguran de que este malestar pasa pronto. Sin embargo, también afirman que cada persona lo vive de manera distinta y que cada quien tiene la tarea de encontrar la mejor forma de superar este período difícil. Y estas últimas palabras me recuerdan una canción que me gusta mucho porque nos invita a no tener miedo, ni a las dificultades, ni a lo desconocido. ¿Te acuerdas de esta canción, que en realidad es un poema de Antonio Machado?

> Caminante, son tus huellas
> el camino y nada más.
> Caminante, no hay camino,
> se hace camino al andar.
> Al andar se hace el camino,
> y al volver la vista atrás
> se ve la senda que nunca
> se ha de volver a pisar.
> Caminante, no hay camino
> sino estelas en la mar.

Por eso hoy me he quedado en casa. Tengo la tentación de salir afuera a platicar con los amigos o a distraerme de alguna otra manera para no sentirme mal. Hoy no quiero hacer eso porque pienso que estoy muy acostumbrado a huir de las dificultades y de los momentos o situaciones desagradables. Esta vez quiero vivir a fondo esta experiencia de soledad y nostalgia porque estoy seguro de que así voy a apreciar mucho más a mi familia, a mis amigos, a mi país. Además, creo que esta experiencia es muy importante para poder aprovechar al máximo la oportunidad de vivir fuera de mi casa y de mi tierra natal y sé que hay ahí un pozo de sabiduría que no quiero perder por el temor de pasar un momento desagradable.

Es curioso, pero siento que estos meses fuera de casa me han ayudado a crecer. Algo está pasando en mi interior que me invita a ver las cosas de manera diferente. De hecho, creo que estoy empezando a ver verdaderamente las cosas. Ya no quiero que las personas, las situaciones, las experiencias, los encuentros con la gente solo pasen por mi vida sin dejar su huella. El cambio de ambiente me ha ayudado a reconocer que cada persona, cada situación, cada experiencia es única y, por eso, debo vivir y saborear a fondo todas las oportunidades para poder descubrir el sentido y la sabiduría profunda que esconden, más allá de lo que solo aparece a la vista... "lo esencial solo se ve con el corazón", recuerdo que dice El Principito.

Mi intención al venir a México es aprender español pero, conforme pasa el tiempo, descubro claramente que es mucho más lo que estoy aprendiendo, porque una lengua nueva te abre la puerta de, en el caso del español, muchas nuevas culturas y formas de pensar. Y la oportunidad de vivir en otro país ensancha los horizontes de relación y amistad, estimulando mi crecimiento y enriqueciendo mi vida.

Alegrías y tristezas, sueños y desengaños, curiosidad y aburrimiento, oportunidades y pérdida de tiempo, soledad y compañía, salud y enfermedad, encuentros y despedidas, novedades y cotidianidad, amistad y enemistades, niñez y juventud, pasado, presente y futuro, vida y muerte... todos estos contrastes y muchos más entretejen la trama de la existencia. ¿Qué es la vida?, me pregunto. Y por el momento, no tengo respuesta, pero sí tengo la oportunidad de meterme dentro de su misterio para vivirlo desde dentro. Esa es la invitación que vislumbro en las frases que escribo a continuación. Estas frases son la manera en que describe la vida una persona que ha sabido, como nadie, dejarlo todo de lado y ponerse a vivir a fondo, sirviendo a la VIDA en todas sus formas, de principio a fin. Madre Teresa nos dice que

> La vida es oportunidad, aprovéchala.
> La vida es belleza, admírala.
> La vida es un sueño, hazlo realidad.
> La vida es un reto, enfréntalo.
> La vida es un deber, cúmplelo.
> La vida es un juego, disfrútalo.
> La vida es una promesa, realízala.
> La vida es tristeza, supérala.
> La vida es una canción, cántala.
> La vida es una lucha, lídiala.
> La vida es una tragedia, encárala.
> La vida es una aventura, desafíala.
> La vida es suerte, apuéstala.
> La vida es demasiado preciosa, no la destruyas.
> La vida es vida, lucha por ella.

Amigo mío, espero que disfrutes tú también de estas frases que para mí son una rica fuente de estímulo e inspiración.

Si tienes tiempo agradezco de antemano tus comentarios a este mensaje mío que seguramente te ha sorprendido.

Recibe un saludo afectuoso. Tu amigo

Mingyu

Vocabulario

hojear v. (책의) 페이지를 넘기다
temporada f. 기간
soledad f. 고독
superar v. 극복하다
huella f. 흔적
distraerse v. 정신을 딴 데로 돌리다
interior m. 내면
ensanchar v. 넓히다
desengaño m. 환멸, 실망
entretejer v. 교차시키다
vislumbrar v. 어슴프레 보이다
consuelo m. 위로
aventura f. 모험
gratificante adj. 즐거운
recordar v. 기억하게 하다
tentación f. 유혹
curioso adj. 흥미로운
profundo adj. 심오한
estimular v. 자극하다
contraste m. 대조
trama f. 구성

Expresiones

1. Esta es una experiencia normal. (이 것은 정상적인 경험이다)

여기에서 esta는 앞서 서술한 것을 의미하고 experiencia의 성에 일치시켜 esta가 되었다.

2. A fondo (완전하게)

부사적 관용구이다.

3. Al máximo (최대한)

형용사 máximo가 al과 결합해 부사로 사용된다.

4. De hecho (실제로)

부사로 사용되는 관용구이다

Lectura 13

¿QUIÉN ME ACOMPAÑA AL MERCADO?

(Durante el desayuno, un sábado en la mañana).

Mamá: Mingyu, durante estas semanas te veo comer bien pero tengo curiosidad de saber cómo te ha caído, sinceramente, la comida mexicana.

Mingyu: La verdad es que la comida de aquí no se me ha hecho difícil de comer. Al contrario, realmente me gusta y disfruto de ella. Sin embargo, debo tener cuidado porque si como demasiado, voy a engordar.

Luis: Por eso no te preocupes. Yo me encargo de ayudarte a hacer todo el ejercicio que necesitas.

Estela: Mingyu, si quieres, yo te puedo invitar a mis clases de yoga. Aquí cerca hay una academia a donde yo voy cada semana. El único problema, quizás, es que la mayoría de las personas que vienen a la academia son mujeres. No sé cómo te vas a sentir en medio de tantas mujeres.

Mingyu: Prefiero jugar fútbol o básquetbol o voleibol o hacer algún otro deporte.

Papá: Pero primero, es importante comer bien. ¿Crees que necesitas alguna cosa que no comemos aquí regularmente? Dinos con plena confianza.

Mingyu: Honestamente, extraño un poco el kimchi pero creo que aquí no hay, por eso no he dicho nada. Quizá lo único que necesito es un poco más de fruta, pero, por lo demás, no tengo ningún problema con la comida.

Virginia: ¿Kimchi? ¿Qué es eso?

Estela: Virgi, ¿no has oído hablar del kimchi? Es un tipo de ensalada coreana fermentada que contiene muchas vitaminas, especialmente vitamina C.

Mingyu: Estela, estoy sorprendido. ¿Cómo es que conoces el kimchi?

Estela: Lo hemos estudiado en clase. Nuestra maestra de biología dice que el kimchi es muy sabroso y excelente para la salud. Yo quiero probarlo algún día.

Mingyu: Entonces, vamos a investigar en dónde hay algún restaurante coreano y un día de estos vamos a comer comida coreana.

Virgi: ¡Yo también me apunto! ¡Yo también quiero probar la comida coreana!

Papá: Es una buena idea. Vamos a localizar algún restaurante coreano y vamos todos a comer, o este próximo domingo o el siguiente. ¿Qué dicen?

Luis: ¡Excelente!

Mamá: Bueno, bueno. Todo eso está muy bien. Pero primero debemos pensar en la comida que tenemos que hacer aquí en casa en los próximos días. La despensa está casi vacía y necesitamos ir a comprar provisiones. ¿Quién me acompaña al mercado?

Estela: Mamá, ¿piensas ir solo al mercado? Mejor vamos al centro comercial porque también hacen falta algunos artículos de baño y de cocina. Yo te puedo acompañar.

Mingyu: Yo también quiero acompañarlos porque no he tenido aún la experiencia de comprar comestibles aquí. Si quieren, yo puedo manejar.

Luis: ¿Manejar? Pero si no tienes licencia de manejo de México.

Mingyu: No. No tengo la licencia de México, pero tengo una licencia internacional de manejo que es válida aquí también. Yo tengo ya bastante experiencia porque he manejado en Seúl durante más de tres años.

Papá: El tráfico de México es muy complicado pero... como el centro comercial no está muy lejos. Es una buena oportunidad para practicar aquí en la ciudad. (A su esposa) Estela, ¿te animas a dejarlo manejar?

Mamá: Seguro. No hay problema. El camino al centro comercial no está muy complicado y el estacionamiento es amplio. Además, imagino que manejar en Seúl tampoco es nada fácil.

Mingyu: ¡El tráfico de Seúl también es terrible! El de aquí no me parece muy distinto.

Mamá: Entonces, Mingyu, Estela y yo vamos al centro comercial a eso de las diez y media. ¿Alguien necesita alguna cosa?

Virgi: Yo también voy con ustedes. Quiero ver cómo maneja Mingyu.

Mamá: Ya somos muchos, pero si quieres, puedes acompañarnos.

(De camino al centro comercial).

Mingyu: Este carro es muy fácil de manejar porque es automático. En mi casa, en Seúl, usamos un coche de velocidades.

Mamá: ¡Uy, qué horror! Yo no me animo a manejar un carro de velocidades. Es muy cansado y complicado.

Estela: ¡Ay, mamá, es que tú eres muy nerviosa!

Mamá: Sí lo soy, por eso me da miedo manejar el carro de velocidades.

Mingyu: Ustedes me dicen hacia dónde tengo que ir porque yo no sé en dónde está el centro comercial.

Virgi: Yo te digo por dónde ir.

Mamá: No Virgi, mejor le digo yo. Mingyu, en la siguiente esquina vamos a dar vuelta a la izquierda. Ten cuidado al dar la vuelta porque por esta calle circula un trolebús en contraflujo.

Mingyu: Ahí está el semáforo. Siguiendo las señales de tránsito, no hay peligro.

Estela: ¡Es mejor no estar tan seguro! A veces los choferes del trolebús, para ganar tiempo, se arriesgan a cruzar la calle cuando el semáforo está con la luz preventiva, y esa ha sido la causa de muchos accidentes en estas esquinas.

Mingyu: Entonces voy a disminuir la velocidad yo también.

Mamá: Sí. Es lo mejor y lo más prudente.

Virgi: Después de dar la vuelta, vamos a usar el paso a desnivel para cruzar la gran avenida que está más adelante.

(En el centro comercial).

Mamá: Antes de llegar a la esquina, a la izquierda está la entrada al estacionamiento. El estacionamiento de este centro comercial no es subterráneo, está en esta explanada al aire libre.

Mingyu: ¿Qué es lo que hay a la entrada?

Mamá: Al entrar tienes que apretar el botón para tomar la tarjeta que marca la hora de entrada al estacionamiento. Al salir, hay que pagar, de acuerdo con el tiempo de uso, pero si hacemos compras, el estacionamiento es gratis.

Virgi: A mí no me gusta este estacionamiento al aire libre porque al regresar, los asientos van a estar muy calientes por el sol.

Estela: Virgi, ¡qué delicada eres! Al regresar abrimos las ventanas y ya.

Mingyu: Puedo estacionar en cualquier lugar, ¿verdad?

Mamá: Sí, pero creo que es mejor estacionarnos cerca de la salida para no tener que llevar la carretilla de compras muy lejos. (Señalando un lugar vacío) ¡Ahí está bien!

Mingyu: Pues, ¡aquí estamos!

Estela: Mingyu, ¡manejas muy bien!

Mingyu: Gracias.

Virgi: La entrada está allá en la esquina. Yo voy por un carrito.

Mamá: Virgi, no tenemos prisa. Vamos todos juntos.

(Entrando a la tienda).

Mamá: Vamos primero a la sección de verduras. Virgi, tú llevas el carrito.

Estela: Mientras Uds. consiguen los comestibles, yo voy a dar una vuelta por el departamento de cosméticos y artículos de aseo personal para conseguir lo que necesito.

Mamá: ¿Qué es lo que necesitas?

Estela: Un par de cremas, un champú y unos jabones de tocador.

Virgi: Estela, yo te acompaño. Yo también necesito una pasta de dientes y un paquete de servilletas húmedas y un cepillo para el pelo.

Mingyu: Entonces, yo llevo el carro de compras.

Mamá: Estela, lleva una canasta para traer tus cosas y trae también un paquete de papel higiénico de varios rollos, una caja grande de detergente y luego nos buscan en la zona de verduras o en la de comestibles. Pero no se tarden demasiado.

(Una media hora después).

Mamá: A ver..., dime qué es lo que tenemos en el carrito mientras yo reviso la lista de comestibles que tenemos que comprar.

Mingyu: De verduras tenemos, lechugas, jitomates, ajos, cebollas, chiles, espárragos, pepinos, papas y estas dos bolsas de verduras para sopa. De frutas, naranjas, plátanos y una sandía. De carnes, tenemos un paquete de filetes de carne de res y dos de pollo. Las legumbres son frijoles, y esto, (enseñándole el paquete a Mamá) que no sé cómo se llama.

Mamá: Esas son lentejas.

Mingyu: También tenemos un poco de pasta, espagueti y otro tipo de fideos.

Mamá: Hay que comprar también algunos productos en lata, por ejemplo, alguna sopa de champiñones o de crema y una lata de chiles jalapeños. Y creo que eso es todo. Vamos a la sección de latas. Estela y Virgi ya se tardaron. ¿No las ves por ahí?

Mingyu: Ahí vienen.

Estela: ¡Aquí está todo lo que necesitamos!

Mamá: Bueno. Nada más conseguimos las latas que nos hacen falta y nos vamos.

Virgi: Voy a apartar un lugar en la fila para pagar porque hoy es sábado y hay mucha gente en las cajas.

Mamá: Sí, ve a apartar un lugar y ahí nos vemos en un momento. Voy a pagar con la tarjeta de crédito, ¿eh?

Virgi: De acuerdo.

Vocabulario

curiosidad f. 호기심
hacer el ejercicio v. 운동하다
confianza f. 신뢰, 안심, 친밀
mayoría f. 대부분
deporte m. 스포츠
fermentado adj. 발효된
sabroso adj. 맛이 있는
salud f. 건강
localizar v. (소재를) 파악하다
vacío adj. 비어 있는
comercial adj. 상업의
comestibles m. pl. 식료품
licencia de manejo f. 운전면허증
complicado adj. 복잡한
a eso de ~즈음에
nervioso adj. 예민한
circular v. 통행하다
contraflujo m. (주행시) 역방향
señal de tránsito f. 교통신호
engordar v. 살찌다
regularmente adv. 정기적으로
oír v. 듣다
en medio de ~사이에
ensalada f. 샐러드
biología f. 생물
excelente adj. 뛰어난
probar v. 시식하다
despensa f. 식료품 저장소
provisiones f. pl. 식료품, 양식
artículo m. 물품, 물건
manejar v. 운전하다
válido adj. 유효한
estacionamiento m. 주차장
carro de velocidades m. 수동기어가 장착된 자동차
esquina f. 모퉁이
trolebús m. 트롤리 버스
semáforo m. 신호등
peligro m. 위험

chofer m. 운전수

arriesgarse a + 동사원형 v. 위험을 무릅쓰고 ~하다

preventivo adj. 예방의, 사전의

luz preventiva f. (신호가 완전히 바뀌기 전의) 노란색 신호

disminuir v. 줄이다

prudente adj. 신중한

avenida f. 가로

subterráneo adj. 지하의

al aire libre adv. 야외에서, 노천에서

marcar v. 표시하다

asiento m. 자리, 좌석

abrir v. 열다

salida f. 출구

verduras f. pl. 채소, 야채

jabón de tocador m. 화장비누

servilletas húmedas f. pl. 물티슈

canasta f. 바구니

caja f. 상자, 계산대

revisar v. 검사하다, 조사하다

jitomate m. 토마토

cebolla f. 양파

espárrago m. 아스파라거스

papa f. 감자

naranja f. 오렌지

sandía f. 수박

carne de res f. 소고기

legumbre f. 채소, 야채

fideo m. 면, 국수

champiñón m. 양송이 버섯

ganar v. 벌다

cruzar v. 횡단하다

luz f. 햇빛, 등불, 전깃불

accidente m. 사고

velocidad f. 속력

el paso a desnivel m. 지하도 혹은 고가도로

entrada f. 입구

explanada f. 평지

apretar v. 누르다

gratis adj. 무료의

delicado adj. 성질이 까다로운

ventana f. 창문

carretilla de compras f. 쇼핑 카트

artículos de aseo personal m. pl. 세면용품

pasta de dientes f. 치약

cepillo m. 솔, 브러쉬

papel higiénico m. 화장지

detergente m. 세제

lechuga f. 상추

ajo m. 마늘

chile m. 고추

pepino m. 오이

bolsa f. 봉투

plátano m. 바나나

filete m. 등심살

pollo m. 닭고기

lentejas f. pl. 렌즈콩, 편두

lata f. 통조림

Expresiones

1. Tengo curiosidad de saber cómo te ha caído, sinceramente, la comida mexicana. (나는 솔직히 멕시코 음식이 네게 어떻게 맞는지 알고자 하는 호기심이 있어)

   이 구문에서 caer는 부사 bien, mal 등과 함께 '~이 맞다'의 의미로 사용된다. 예문에 따라서는 '어울리다'로 해석된다.

   Este estilo te cae muy bien. (이 스타일이 네게 너무 잘 어울려)

2. Dinos con plena confianza. (우리들에게 마음을 터놓고 허물없이 말해봐)

   Decir의 tú에 대한 명령형 di에 간접목적어 nos가 붙은 긍정명령형이다.

3. ¡Yo también me apunto! (나도 갈래)

   Apuntar (겨냥하다)는 여러 의미가 있는데 이 화맥에서는 apuntarse '내가 나를 지적하다'의 문자적 의미 형태로 사용되어 '나도 갈 거야, 나도 가고 싶어'의 뜻이다.

4. Ten cuidado. (조심해)

   Tener cuidado (조심하다)의 tú에 대한 긍정명령형이다.

5. Cuando el semáforo está con la luz preventiva (신호등이 노란불일 때)

   Preventivo는 '사전의, 예방의'의 의미로서 본문에서 la luz preventiva란 신호등에서 정지신호인 빨간불로 전환되기 전에 거치는 노란불 상태를 일컫는다.

6. Pues, ¡aquí estamos! (자, 다 왔습니다)

   목적지에 도착했을 때 사용되는 일반적인 표현이다.

7. Pero no se tarden demasiado. (하지만 너무 지체하지는 말아라)

   Tardarse (시간이 걸리다)의 ustedes에 대한 부정명령형이다.

8. Voy a apartar un lugar. (자리를 맡아 놓을게)

Apartar un lugar는 '자리를 잡아놓다, 자리를 맡아 놓다'의 뜻으로 일상생활에서 많이 사용되는 유용한 표현이다.

Lectura 14

CUANDO SE CANTA UNA CANCIÓN

Es la hora de comenzar la clase. Dentro del salón charlamos, entre nosotros, sobre el sinfín de sucesos, acontecimientos y noticias que van apareciendo en nuestra vida, en los últimos días. En medio del alboroto, la maestra tiene que llamar nuestra atención. "Si no me equivoco - dice alzando la voz - hoy le toca hacer la presentación a Raquel." "¡Sí, maestra!", responde la aludida y, sin más, pasa al frente y comienza a dirigirnos la palabra.

Honestamente, no tuve necesidad de pensar mucho para hacer la elección de la persona que voy a presentarles. Cuando la maestra nos dio esta tarea, yo sentí el deseo de hacer un trabajo excepcional. Empecé a pensar quién puede ser una persona verdaderamente representativa de la cultura. Pronto comprendí que, en realidad, no hay personas más o menos representativas de una cultura. Hombres y mujeres, todos, con su vida particular y su trabajo propio contribuyen a construir la cultura viva de un pueblo. Solo son distintos los aspectos en los que cada uno contribuye.

Como les decía, al final no tuve necesidad de buscar mucho, porque entre mis amigas hay una que sueña con ser artista y le pedí su ayuda para mi trabajo. Ella se ha preparado y se sigue preparando para cantar profesionalmente, pero su experiencia, en especial la de estos últimos tiempos, me pareció muy interesante como tema de mi presentación.

Hace unos meses una amiga suya le dio la dirección de una página web que convocaba a participar en una competencia internacional de canto. Dicho concurso busca nuevos valores entre las mujeres de todo el mundo. Al ver la seriedad del concurso y la calidad de los jueces, mi amiga decidió inmediatamente inscribirse como participante. No hace mucho, recibió la noticia de que los jueces la habían seleccionado dentro del grupo que pasa a la segunda ronda del concurso. "¿No les parece --nos pregunta Raquel directamente-- que los sueños y la experiencia de esta amiga pueden ser una manifestación interesante de la cultura?" Al conocer su historia vamos a poder ver cómo una joven mujer se esfuerza para hacer frente a las dificultades de la vida. También vamos a poder apreciar su valor para no dejar pasar las oportunidades que se le presentan para hacer realidad sus ilusiones.

Mi amiga es una joven de carácter alegre y muy agradable que goza conversando con sus amistades y con cualquier otra persona. Siempre está dispuesta a aprender, a descubrir nuevas cosas, y sus ojos enormes y vivarachos parecen no solo ver sino también querer descubrir el secreto íntimo de la persona con la que charla. Su conversación es interesante porque tiene el don de interesarse sinceramente por las personas con quienes habla. Pero su buen trato es sin exageración y con sencillez.

Yo la conocí hace unos meses, por coincidencia, en una cafetería. Yo acompañaba a mi compañera de apartamento y ella, a una antigua amiga suya de la preparatoria. El encuentro fue casual pero la amistad entre nosotras brotó natural y fácilmente. Desde entonces, las cuatro solemos encontrarnos con cierta frecuencia para charlar, comer y divertirnos juntas.

Ella ofreció invitarme a su casa para poder platicar con calma sobre su experiencia. A mí me interesaba mucho oírla hablar sobre su vida sin distracciones ni restricciones, por eso, en vez de usar la forma de entrevista, yo solo le di cuatro o cinco preguntas escritas para estimular su exposición. Sin embargo, le insistí en que tenía total libertad para explayarse a su gusto. Mi amiga leyó mis preguntas en silencio y mientras organizaba sus pensamientos, me ofreció una buena taza de café que saboreé con gusto. Al cabo de unos minutos empezó a compartir conmigo su experiencia y yo la escuché con atención:

Creo ser una mujer sensible y optimista. Gozo mucho aprendiendo nuevas cosas y me entusiasma todo lo que se relaciona con el arte. Me gusta ponerme continuamente nuevas metas y esforzarme por hacerlas realidad, pero lo que más me hace feliz es subir a un escenario y sentir la energía del público cuando reacciona con mis canciones.

No cabe duda de que tocar un instrumento es una experiencia muy agradable, pero la sensación de producir sonidos armoniosos con mi propia voz es algo único. Cuando canto, no solo digo palabras sino también uso mis ojos, mi cara, mis manos, todo mi cuerpo para interpretar la canción. Su letra y su melodía despiertan en mí muchas emociones y yo trato de expresarlas con toda mi persona. El gozo más intenso es cuando logro despertar en mi auditorio los mismos sentimientos y estados de ánimo que la canción provoca en mí.

Cantar me hace sentir libre, porque me permite expresarme como soy, sin necesidad de aparentar nada. Mi cuerpo y mi espíritu se expresan juntos y en ese momento yo vivo intensamente lo que canto porque verdaderamente siento lo que expreso.

La competencia sobre la que antes te comenté es un concurso organizado por una famosa compañía de productos de belleza con el objeto de despertar mayor conciencia entre la gente sobre el problema de la violencia doméstica. Cualquier mujer de cualquier país del mundo, mayor de 18 años, puede participar. La compañía quiere seleccionar cinco nuevas estrellas del canto como 'embajadoras de armonía' para promover las relaciones positivas y sanas en el hogar, especialmente entre los esposos. Cuando leí la convocatoria del concurso y su objetivo, sentí muchos deseos de participar activamente. En realidad, este concurso me despertó como de un sueño. Déjame explicarte por qué.

Hace poco más de un año tuve la desdicha de perder a mi padre. Desde que supimos que sufría una enfermedad terminal hasta su muerte, experimenté mucho dolor y confusión. No fue fácil para mí aceptar un cambio tan radical en mi vida y por un tiempo me sentí desorientada y desanimada. Mi padre había sido también mi mejor amigo. Siempre me apoyó y me dio ánimos para superar las dificultades porque mucha gente me decía que era muy difícil la carrera de cantante. Poco antes de su muerte, le prometí perseguir mi sueño de ser cantante, a pesar de las contrariedades y los obstáculos. Este concurso me dio nuevos ánimos y la oportunidad de cumplir mi promesa. Por eso me inscribí inmediatamente.

Pero hay algo más. Hace un mes me sucedió algo muy significativo para mí. El día exacto del primer aniversario de la muerte de mi padre, recibí la noticia de que había sido escogida para pasar a la segunda ronda del concurso. Sentí una emoción difícil de olvidar. Yo no tengo la menor duda de que el pase a la segunda ronda fue un regalo de la vida y de él en particular. Y también sé que como siempre todas mis canciones y mis triunfos seguirán siendo también de él.

Como esta competencia está organizada por una firma de cosméticos, tú y mucha gente me han preguntado mi opinión sobre la belleza. Pues, yo creo que todo lo que está en la naturaleza en perfecta armonía con su alrededor es hermoso. Entre las personas es lo mismo. Son hermosas todas las personas que aprenden a vivir en armonía con los demás y con el mundo a su alrededor, es decir, no solo saben vivir y dejan vivir sino que también colaboran con todos para vivir mejor. Si a esto le añades cualidades como la honestidad, la sensibilidad, la amabilidad y la sabia inocencia, esa persona resulta ser un verdadero encanto. Por eso mi madre es la persona más bella que conozco. Ella es una persona muy trabajadora y sumamente generosa con todos. Es detallista, tierna, de una gran delicadeza y siempre encuentra una solución para todo.

Como ves, mis padres han jugado un papel decisivo no solo en mi vida sino también en mi carrera. Su ejemplo me ha mostrado lo que es la belleza y en el arte he encontrado una forma de expresarla. Belleza y arte han estado siempre presentes en mi vida y doy gracias porque ellos son quienes me han enseñado a ser sensible a esa presencia. Y me han enseñado también que la vida hay que vivirla en plenitud y que esto solo es posible cuando yo también ayudo a los demás a vivir la suya de la misma manera. Por eso quiero compartir contigo una frase que me gusta mucho porque expresa hermosamente lo que yo quiero vivir.

> *Amar a una persona es aprenderse la canción de su corazón y cantársela cuando a ella se le olvida.*

Vocabulario

sinfín m. 무한
alboroto m. 소동, 난리
elección f. 선발, 선출
convocar v. 모집하다
juez m. 심사위원
dispuesto adj. 준비가 된
coincidencia f. (우연의) 일치
distracción f. 정신의 산란
estimular v. 고무하다, 북돋우다
meta f. 목표, 목적
conciencia f. 자각
hogar m. 가정
superar v. 극복하다
contrariedad f. 상반성
significativo adj. 의미있는
cosmético m. 화장품
generoso adj. 관대한
acontecimiento m. 사건, 사고
aludir v. 시사하다, 빗대어 말하다
representativo adj. 대표적인
competencia f. 시합, 겨룸, 경쟁
inscribirse v. 등록하다
don m. 재능
brotar v. 싹트다
restricción f. 속박, 제한
explayarse v. 전개되다, 펼쳐지다
aparentar v. 꾸며대다
sano adj. 건전한
desdicha f. 불행
perseguir v. 추구하다
obstáculo m. 장애, 걸림돌
firma f. 기업, 회사
colaborar v. 협조하다
plenitud f. 충만

Expresiones

1. Contribuyen a construir la cultura viva de un pueblo.

   (한 민족의 생생한 문화를 이루기 위해 기여한다)

   Contribuir a + 동사원형은 '~을 위해 이바지하다, 기여하다'의 의미이다.

2. Hay una que sueña con ser artista.

   [예술가가 되기를 꿈꾸는 여자 (친구) 하나가 있다)]

   Soñar con + 동사원형은 '~를 꿈꾸다'의 뜻으로 사용되고 soñar는 직설법 현재형이 sueño, sueñas, sueña, soñamos, soñáis, sueñan으로 변화한다.

3. Para hacer frente a las dificultades de la vida (인생의 역경에 대항하기 위해서)

   Hacer frente algo는 '~에 대항하다, 대처하다'의 의미로 사용된다.

4. Para hacer realidad sus ilusiones (그녀의 꿈을 현실로 만들기 위해서)

   Hacer realidad algo는 '무엇을 현실로 만들다'라는 뜻이다.

5. Las cuatro solemos encontrarnos. (우리 네 사람은 종종 만나곤 해)

   문자의 주어가 las cuatro (네 사람)이여서 3인칭 복수 suelen encontrarse라고 해야 할 것 같지만 화자가 네 사람 중 한 명이므로 우리들에 해당하는 1인칭 복수형의 동사가 사용되었다. Soler는 동사원형과 함께 '종종 ~을 하다'의 의미로 사용된다.

6. Yo no tengo la menor duda de que... (~에 대해 추호의 의심도 없다)

   No tener la menor duda de algo란 표현으로 '~에 대해 조금의 의심도 없다'의 의미이다.

Lectura 15

¿QUÉ ES LO QUE TIENE 'EL CAMINO'?

Durante el tiempo de descanso, estábamos todos formando un corrillo alrededor del escritorio de Tatyana porque iba a contarnos la película que había ido a ver el fin de semana con sus amigas. Cuando todos estábamos callados y atentos, Tatyana tomó la palabra diciendo:

Antes de empezar a contarles la película, quiero preguntarles si alguien ha oído hablar de Santiago de Compostela. ¿Nadie? Entonces primero, tengo que explicarles algo sobre ese lugar y la tradición que lo hace famoso.

Santiago de Compostela es la capital de la comunidad autónoma de Galicia que está localizada en el extremo noroeste de España. Una antigua leyenda dice que uno de los discípulos de Jesús, llamado Santiago el Mayor, desarrolló su actividad misionera en la península ibérica. Más tarde, después de ser martirizado en Jerusalén, sus restos mortales fueron trasladados milagrosamente al lugar llamado Santiago de Compostela. Aunque dicha leyenda tiene muy poca credibilidad y aún menor documentación histórica, lo cierto es que dicho lugar se ha convertido en un famoso e importante centro de peregrinación, con una historia de más de 1000 años. La meta de dicho peregrinaje es la Catedral de Santiago en donde la leyenda asegura que se encuentran las reliquias del apóstol.

Las rutas de peregrinación a Compostela son varias y parten de diferentes lugares. Sin duda, la más popular es la llamada Camino Francés, que empieza en una pequeña población ubicada en el lado francés de los Montes Pirineos, atraviesa Pamplona, Logroño, Burgos y León y llega a Santiago de Compostela después de un recorrido de aproximadamente 800 km.

La película que vi se llama en español, precisamente, 'El Camino'. La historia es bastante sencilla y comienza con Tom, un oftalmólogo estadounidense de más de sesenta años de edad que practica su profesión satisfactoriamente, pero su vida se ha vuelto un tanto monótona y rutinaria. La esposa de Tom ha fallecido hace algunos años y a partir de ese triste evento la relación con su hijo Daniel se ha vuelto distante y tensa. Daniel es soltero, tiene ya más de treinta años y estudia un doctorado, pero un día le comunica a su padre que ha decidido suspender sus estudios, abandonar su carrera y viajar por el mundo para conocer diferentes países y entrar en contacto directo con la gente de culturas diversas. E incluso invita a su padre a acompañarlo y a hacer el viaje juntos.

Tom, por supuesto, le reclama a Daniel diciéndole que hacer eso es lo mismo que echar a la basura los últimos diez años de su vida y todos sus esfuerzos para desarrollarse profesionalmente. Pero Daniel ha tomado su decisión y no piensa cambiarla.

El día señalado para iniciar su viaje, Tom lleva a Daniel al aeropuerto. En el camino, Tom vuelve a intentar convencer a Daniel de la falta de sensatez de su decisión y le dice que, aunque a él le parezca que su vida (la de Tom) no tiene mucho sentido, en realidad le ha dado la posibilidad de vivir dignamente y que, además, es la vida que él ha elegido. En este momento, en el que se puede sentir la tensa relación entre padre e hijo, Daniel le contesta a su padre con calma, pero con evidente enfado, diciendo: “La vida no se elige, la vida se vive”.

Daniel parte de viaje sin un plan específico y Tom no tiene más remedio que aceptar la decisión de su hijo Daniel, aunque no está de acuerdo con ella.

Pasan los días y la vida sigue su curso. Un día, mientras Tom jugaba una partida de golf con sus compañeros médicos, recibió por teléfono la noticia de que Daniel, su hijo, había muerto. Tuvo un accidente causado por una tormenta, mientras caminaba por una región montañosa en la frontera entre Francia y España. Tom, visiblemente disturbado, deja el campo de golf sin siquiera informar a sus amigos de lo sucedido. Hace todos los arreglos necesarios y parte inmediatamente para Francia con el objetivo de traer a casa los restos mortales de Daniel.

Al llegar a Francia y después de reconocer el cadáver, Tom recibe todas las pertenencias de su hijo mientras le informan que el accidente tuvo lugar cuando Daniel estaba iniciando su peregrinación a Santiago de Compostela.

Esa noche en el hotel Tom recuerda su conversación con Daniel, su deseo de viajar y recorrer el mundo, y la invitación a hacer el viaje juntos. Cuando empieza a revisar los objetos de Daniel - su mochila y todo el equipo necesario para realizar una larga peregrinación - Tom siente el impulso y el deseo de emprender, con Daniel, la peregrinación que este último había planeado.

Después de informarse sobre el lugar y el recorrido, pide la incineración de su hijo y con sus cenizas en una simple urna metálica inicia la peregrinación a Santiago de Compostela. A lo largo del camino, en diferentes lugares, Tom va dejando un puñado de las cenizas que transporta cuidadosamente dentro de su mochila.

La película describe el peregrinaje de Tom y su encuentro, a lo largo del camino, con tres personas con las que recorre la mayor parte del camino. Sus compañeros de viaje son un joven holandés que quiere bajar de peso, una mujer canadiense divorciada que emprende el camino con el pretexto de dejar de fumar, y finalmente un escritor irlandés que ha perdido la inspiración y se pone en camino para tratar de recobrarla.

La historia nos cuenta algunos momentos interesantes del camino. Algunos eventos son divertidos, otros son tristes, en ocasiones los personajes se pelean, en otras se ayudan, pero caminando juntos largas jornadas estos compañeros improbables se van conociendo cada día más profundamente y progresivamente descubren que, a pesar de sus diferencias, todos hacen juntos el mismo recorrido.

Es curioso que, al final del camino, cuando los cuatro llegan exhaustos a la Catedral de Santiago, meta del peregrinaje, cada uno experimenta una paz interior que resulta extraño explicar porque ninguno de los cuatro, aparentemente, esperaba este resultado y el motivo que los ha llevado a iniciar el peregrinaje había sido totalmente distinto.

La experiencia del camino ha sido tan profundamente común que al salir de la catedral, los cuatro no se deciden a separarse y terminan todos acompañando a Tom hasta la costa occidental de España en cuyo mar desparrama las cenizas de Daniel que aún le quedan.

La película deja un sabor de boca muy agradable. El espectador termina de ver la película con un sentimiento de paz, de serenidad, muy semejante al que podemos observar en los protagonistas. El holandés no pierde peso, la canadiense no deja de fumar y aunque el irlandés consigue una buena historia que contar, Tom tampoco regresa a casa con los restos de su hijo Daniel y sin embargo, todos parecen haber encontrado algo mucho más importante que les devuelve el sentido de sus vidas.

A mí la película me hizo pensar mucho sobre el sentido de la vida, sobre lo que verdaderamente es importante, sobre la importancia de saber descubrir en mi vecino, en mi amiga, en mi compañero estudiante, en cualquier persona con la que entro en contacto, un 'compañero de camino'. Todos tenemos nuestra historia personal diferente, pero todos vamos juntos por el camino de la vida haciendo un peregrinaje que parece conducirnos a la misma meta. La mejor forma de recorrer esta ruta es ir descubriendo y gozando de las diferencias. Cuando ponemos esas diferencias al servicio de todos, todos salimos ganando.

Pero después de ver la película y de observar la forma en que ese famoso peregrinaje a Compostela afecta a las personas que lo hacen, hay una pregunta que todavía hoy me sigue dando vueltas en la cabeza: ¿Qué es lo que tiene 'el camino'?

Vocabulario

película f. 영화	tradición f. 전통
capital f. 수도	leyenda f. 전설
misionero adj. 선교의	península f. 반도
credibilidad f. 신뢰성	peregrinación f. 참배여행
reliquias f. pl. 유물	apóstol m. 사도
basura f. 쓰레기	tormenta f. 태풍
disturbado adj. 당황한	cadáver m. 시체
impulso m. 충동	incineración f. 소각, 화장
urna f. 납골함	desparramar v. 흩뜨리다

Expresiones

1. Estábamos todos formando un corrillo. (우리 모두는 모여있었다)

   여기서 corrillo는 '담소를 나누기 위해 모인 소규모의 사람들'을 의미한다.

2. Tom no tiene más remedio que aceptar la decisión de su hijo Daniel.
   (Tom은 그의 아들 Daniel의 결정을 받아들이는 것 밖에 방법이 없다)

   Remedio는 '방법, 방도'의 의미로 no hay más remedio que... 혹은 no tener más remedio que...는 '~밖에 방법이 없다'의 뜻으로 사용된다.

3. Hay una pregunta que todavía hoy me sigue dando vueltas en la cabeza.
   (오늘 아직도 내 머리에 맴도는 질문이 하나 있다)

   이 구문에서 dar vueltas en la cabeza는 '머리에서 맴돌다, 떠나지 않다'의 의미이다.

YO TAMBIÉN VI UNA PELÍCULA INTERESANTE

El fin de semana yo también vi una película interesante. No fui a ninguna sala de cine sino que vi el dvd en casa, junto con mi familia adoptiva. La película nos conmovió a todos, sobre todo, por el giro inesperado que toma la historia en las últimas escenas de la película.

Como muchas otras películas, esta es la adaptación al cine de una novela que lleva el mismo título. Luis, mi hermano adoptivo, había leído la novela con anterioridad y fue él quien trajo a casa el dvd que vimos todos juntos. Como sucede en muchos casos similares, esta película se apega a grandes rasgos a la novela original, pero hace adaptaciones importantes y modifica totalmente el desenlace. Todos en casa, estuvimos de acuerdo en que el final de la película es mejor, porque el final del libro, según nos lo narró Luis, es exageradamente trágico y deja un sabor de boca muy distinto. Yo creo que lo mismo pensaron también los productores de la película y, por consiguiente, cambiaron el final de la historia que resulta así, más natural y permite a los espectadores terminar de ver la cinta con un poco de tristeza, pero al mismo tiempo con una agradable sensación de paz, de bondad, y de belleza por el cariño que se puede constatar en esta familia.

La película es americana y, por consiguiente, está en inglés, pero los subtítulos en español están claros, aunque en algunas ocasiones la traducción deja qué desear.

La película se llama ‘La guardiana de mi hermana’ y narra la historia de una familia, como cualquier otra, que durante los últimos 11 o 12 años ha estado viviendo una situación que ha afectado significativamente no solo sus relaciones sino incluso su misma constitución.

Sara y Brian Fitzgerald forman una simpática familia. Ella es abogada y él, bombero y ambos ejercen su profesión con normalidad. Sus hijos Kate y Jesse son pequeños y han crecido rodeados del cariño de sus padres. Sin embargo, todo cambia cuando Sara descubre que Kate, de 5 años de edad, tiene unas manchas en el cuerpo. Sara lleva a su hija al hospital y después de varios análisis los médicos diagnostican a Kate con un tipo raro de leucemia. Los análisis muestran que ningún miembro de la familia es compatible con Kate para donarle médula ósea y el médico sugiere a Brian y Sara la posibilidad de procrear, con la ayuda de la ingeniería genética, un hijo cien por ciento compatible con Kate. Es así que Anna viene al mundo y desde el momento de su nacimiento empieza a donar a Kate toda clase de substancias corporales necesarias para su tratamiento contra la leucemia.

En la cinta cinematográfica es Anna, de 11 años, la que comienza a narrar la historia, presentando a los miembros de su familia. Kate tiene ahora 16 años de edad, la mayoría de los cuales han sido una continua secuencia de remisiones y recaídas, cirugías y recuperaciones que la han agotado tanto física como psicológicamente. Sara, su mamá, ha dejado de lado su profesión y se dedica de tiempo completo a cuidar de Kate y a mantener en casa las condiciones necesarias para que su hija enferma se mantenga en remisión. Su hermana, tía Kelly, ofrece su incondicional apoyo y ayuda a Sara y es una presencia grata para todos en casa. Papá, Brian es un hombre trabajador y equilibrado que se esfuerza por crear en el hogar un ambiente de normalidad y equilibrio, contrarrestando la actitud sobreprotectora de su esposa. Por último, Jesse, su hermano adolescente, no tiene más remedio que vivir en silencio las dificultades propias de su edad, porque no puede distraer la atención de la familia a las necesidades de Kate. Hay una corriente profunda de cariño entre todos los miembros de la familia, pero el cuidado de Kate no deja de producir tensiones y resentimientos que aparecen, a veces solapada y otras veces abruptamente en medio de la vida cotidiana.

Después de esta introducción, la cinta nos presenta una escena, a la vez simpática e impactante, en donde Anna, con la renuente ayuda de su hermano Jesse, visita a un famoso abogado, Campbell Alexander. Anna le cuenta a Alexander su historia y le pide su ayuda para conseguir legalmente la emancipación médica de sus padres y los derechos sobre su propio cuerpo. Kate ha vuelto a recaer y como ahora son sus riñones los que ya no funcionan, lo único que los médicos pueden hacer es el transplante de un riñón sano y, por supuesto, es solo Anna quien puede donarlo inmediatamente. Anna, a sabiendas de que sin el transplante Kate no puede sobrevivir, se decide a demandar a sus padres para poder negarse a dicha operación.

Kate, en situación de emergencia, es trasladada al hospital y durante su estancia ahí contempla, a escondidas, un álbum que ha preparado para su mamá. Mirando los recortes, fotografías y grabados que ha hecho en el álbum, Kate va recordando los diferentes momentos de su vida y a las personas que la han rodeado.

La película se mueve libremente entre el pasado y el presente mostrándonos, por un lado, los recuerdos y personajes importantes de la vida de Kate que ella va recordando al ver su álbum, y por otro, el drama desatado dentro y fuera de la familia por las tensiones que ha creado la demanda legal de Anna por los derechos sobre su propio cuerpo.

Es así como los espectadores podemos conocer y regocijarnos con Kate por el breve pero intenso romance que vive con Taylor, un muchacho un poco mayor que ella a quien conoce en las sesiones de quimioterapia; pero también sufrir y entender su depresión y desesperanza cuando se entera de su repentina muerte. Es también así como nos enteramos de que Jesse, de niño, sufrió problemas de dislexia como resultado del trauma de no poder gozar de la atención de sus padres cuya energía estaba concentrada en Kate. Es también con estos recuerdos que sabemos del inmenso cariño mutuo que existe entre Kate y Anna y de como esta última ha estado siempre lista y dispuesta a asistir en todo a su hermana enferma. Y por eso la demanda de Anna nos deja a todos, perplejos.

Mientras tanto, el abogado Alexander y Sara, quien ha decidido tomar personalmente el caso y hacer uso de su competencia legal, preparan el juicio en el que se decidirá sobre la petición de emancipación médica que Anna ha presentado.

Las escenas finales de la película se desarrollan paralelamente en dos escenarios: el cuarto del hospital en donde la condición de Kate se va deteriorando y la sala del tribunal en donde Alexander lucha por la emancipación médica de Anna y Sara trata de convencer al juez de la improcedencia del caso y la necesidad de Anna de ayudar a su hermana.

La emoción crece cuando, a petición de Kate y con el permiso del médico, Brian decide llevar a sus hijos a la playa. Sara se opone violentamente y el matrimonio está a punto de explotar, pero el cariño supera la prueba. El punto culminante llega en la sala del tribunal. Muchas personas han sido interrogadas. Alexander muestra con claridad cómo Anna ha tenido que sufrir repetidamente serias intervenciones médicas para hacer donación de partes de su cuerpo a Kate para su tratamiento, y de cómo dichas intervenciones no han sido hechas estrictamente con su permiso. Sara, por su parte, obtiene la confirmación de sus testigos de que la ayuda de Anna ha sido un factor determinante en la vida de Kate, sin el cual no hubiera vivido hasta el momento presente.

Así las cosas, Anna es llamada al tribunal para ser interrogada. Alexander, con su interrogatorio, corrobora las razones de la petición de Anna. El interrogatorio, por parte de Sara, es más personal y difícil. Mientras tanto, Jesse, que ha presenciado todo el proceso y se siente cada vez más inquieto y molesto, levanta la voz y desafía a Anna a que declare la verdadera razón de su demanda. Brian trata de controlarlo, pero Jesse vuelve a intervenir con fuerza presionando a Anna a decir el verdadero motivo de su petición. En un momento de caos, Alexander vehementemente pide un receso, mientras Jesse le dice claramente a su mamá Sara que Kate quiere morir y que fue ella la que le pidió a Anna que la ayudara haciendo esa demanda. Sara todavía se resiste, por un momento, a creer esta historia en su obsesión por no darse por vencida y salvar la vida de Kate. Cuando Brian apoya a Jesse en lo que ha dicho, Alexander sale de la sala y sufre un ataque de epilepsia.

Las cosas se aclaran y en la siguiente escena se ve a todos los familiares de Kate reunidos en torno a su cama del hospital dándole consejos sobre su posible operación de transplante. Terminada la hora de visitas, Kate les pide a sus hermanos y a su papá que la dejen sola con su madre.

La escena empieza un poco tensa, con Sara un tanto enojada, pero Kate le da de regalo el álbum de su vida que ha venido haciendo. Juntas ven el álbum y Kate va recordando momentos de su pasado disfrutando y agradeciendo los bellos recuerdos. En el momento en que Kate le recuerda a Sara el consejo que le dio para no tener miedo, cuando fue a su primer campamento de la escuela, y le dice cariñosamente que ahora hará lo mismo en el momento de su muerte, Sara rompe en lágrimas y es Kate la que la consuela.

Kate muere tranquilamente esa noche y cada miembro de la familia va retomando poco a poco su propio camino.

La película termina con Anna recordando todas estas cosas y describiendo la vida de la familia después de la muerte de Kate. Sara regresa a su práctica como abogada, Jesse estudia arte, Brian se jubila y participa en programas de educación para los muchachos de su colonia y Anna crece recordando que ella nació para salvar la vida de Kate, pero que fue en realidad Kate la verdadera guardiana de su hermana.

Vocabulario

conmover v. 감동시키다
inesperado adj. 예상치 못한
modificar v. 수정하다
trágico adj. 비극적인
subtítulo m. 자막
abogado m. 변호사
mancha f. 반점
leucemia f. 백혈병
médula ósea f. 골수
remisión f. 병이 가벼워짐
equilibrado adj. 평온한
sobreprotector adj. 과보호의
resentimiento m. 섭섭함
impactante adj. 충격적인
riñón m. 신장
sobrevivir v. 생존하다
negarse a algo v. ~을 거부하다
derecho m. 권리
quimoterapia f. 화학제품을 사용하는 치료법
trauma m. 외상
mutuo adj. 상호의
deteriorarse v. 나빠지다
convencer v. 설득하다
improcedencia f. 근거 없음
punto culminante m. 정점
tratamiento m. 처치
testigo m. 증인
determinante adj. 결정적인
corroborar v. (논거를) 굳히다
intervenir v. 간섭하다
giro m. 반전
apegarse a algo v. ~에 접근하다
desenlace m. 결말
constatar v. 확인하다
afectar v. 영향을 끼치다
bombero m. 소방관
diagnosticar v. 진단하다
donar v. 기증하다
procrear v. 낳다
recaída f. (질병, 나쁜 습관의) 재발
contrarrestar v. 방지하다
corriente f. 기류
escena f. 장면
emancipación f. 해방
transplante m. 이식
demandar v. 수송하다
trasladar v. 이송하다
regocijarse v. 즐거워 하다
dislexia f. 난독증 (읽기의 어려움이 있는 학습장애)
inmenso adj. 거대한
perplejo adj. 당혹한
tribunal m. 법정
juez m. 판사
oponerse a algo v. (~에) 반대하다
intervención f. 수술
obtener v. 구하다, 얻다
factor m. 요인
interrogatorio m. 조서
desafiar v. 대들다, 도전하다
presionar v. 압박하다

caos m. 혼돈	vehementemente adv. 열정적으로
receso m. 휴회	obsesión f. 집착
epilepsia f. 간질병	tenso adj. 긴장된
jubilarse v. 은퇴하다	guardián m. 수호자

Expresiones

1. A grades rasgos (일반적으로는, 일반적인 특징에서는, 전체적인 틀에서는)

   부사적 관용구이다.

2. Deja un sabor de boca muy distinto. (매우 다른 기분을 남긴다)

   '매우 다른 입맛을 놔둔다'는 문자적 의미의 이 표현은 '매우 다른 기분 또는 분위기를 남기다'의 뜻으로 사용된다.

3. Han crecido rodeados del cariño de sus padres.
   (부모의 사랑으로 둘려 싸여 성장했다)

   Rodeados는 동사인 han crecido의 보어인 동시에 주어인 Kate y Jesse의 보어이므로 주어의 성과 수에 일치해서 rodeados의 형태를 가진다.

4. Ha dejado de lado su profesión. (직업을 그만 두었다)

5. No tiene más remedio que algo. (~이외의 다른 방도가 없다)

6. A sabiendas de algo (~을 알면서도)

7. A escondidas (숨어서, 몰래)

8. Sara todavía se resiste, por un momento, a creer esta historia.
(Sara 는 아직도 잠시 동안 이 이야기를 믿으려 하지 않는다)

이 표현에서 resistirse a 동사원형은 '~을 하려 하지 않다'의 뜻으로 사용된다.

9. Su obsesión por no darse por vencida. (패소했다고 인정하지 않으려는 집착)

Darse por vencida는 '졌다고 인정하다'의 의미로 vencida는 주어인 Sara의 성과 수를 일치시킨 형태이다.

Ellos se dieron por vencidos. (그들은 졌다고 자인했다)
Carlos se dio por vendido. (Carlos는 졌다고 자인했다)

10. Terminada la hora de visitas (방문 시간이 끝난 후에)

과거분사로 형성된 부사구로서 terminada는 뒤에 이어지는 요소인 la hora de visitas와 일치되는 여성 단수의 형태를 취한다.

11. Sara rompe en lágrimas. (Sara는 눈물을 터뜨리다)

Lectura 17

EL SECRETO DE UN BUEN MAESTRO

Durante la clase de cultura, la profesora Yolanda Ramírez nos recordó los objetivos de las presentaciones de las próximas semanas: "Como quedamos, a partir de hoy ustedes van a presentar a la persona que han entrevistado. Cada una de esas personas es un ejemplo viviente de algún aspecto de la cultura que se vive en este país. Recordemos que la cultura es algo vivo que se va desarrollando continuamente a lo largo del tiempo porque son las personas quienes crean, disfrutan, sufren, desarrollan y transforman la cultura. Con el objeto de respetar su privacidad, al hacer la presentación no mencionaremos el nombre de la persona, pero sí queremos oír su experiencia, sus sueños, sus ilusiones, sus dificultades."

A Paola le ha tocado en suerte ser la primera en hacer su presentación. La maestra Yolanda la alaba por tener la valentía de ser la primera en lanzarse al ruedo, pero Paola, con toda honestidad, le dice que no fue su valentía sino su mala suerte (porque perdió en los volados) la que le obliga a presentar su trabajo en primer lugar.

Cuando la maestra nota que Paola está tan nerviosa que le tiembla el papel entre las manos, la anima a no preocuparse y nos invita a todos a darle un fuerte aplauso para estimularla y darle confianza. "¡Vamos!, respira profundo y empieza tu presentación", le dice. Tras el aplauso y muestras de apoyo, Paola inicia su presentación.

La presentación de Paola

Yo pienso que uno de los agentes más importantes tanto en la creación como en la transmisión y transformación de la cultura es indudablemente el maestro. Un día, hablando con uno de mis amigos, le comenté que estaba buscando a algún maestro para entrevistarlo y preparar esta presentación. Mi amigo me platicó sobre uno de sus profesores de la preparatoria y le pedí el favor de presentármelo.

El día acordado para la entrevista, desgraciadamente no tuve suficiente tiempo para preguntarle todo lo que quería. El maestro solo disponía del tiempo de descanso entre sus clases. Pero, a pesar de lo corto de la entrevista, creo que el contenido de la misma es suficiente para darnos cuenta de que esta persona es maestro de corazón. Para él el magisterio no es solo una profesión para ganar dinero sino, sobre todo, una misión que realiza con responsabilidad, pasión y cariño.

Voy a mantener en mi presentación la misma forma que utilicé en mi encuentro con él. Es decir, quiero conservar, al menos en general, la forma de entrevista, porque no quiero privarlos a ustedes de las palabras mismas que usó el maestro y que yo pude grabar durante nuestro encuentro.

Al sonar el timbre para indicar que el tiempo de clase había terminado, vi al maestro salir de su clase mientras hablaba con una de sus alumnas. Me acerqué a él para saludarlo y le dije: “Gracias, maestro, por darme la oportunidad de entrevistarlo. Como tenemos poco tiempo, voy al grano inmediatamente. Sé que Ud. es profesor de etimologías griegas y latinas. Me imagino que esta materia, también aquí (como en mi país,

Italia), no es una de las más populares de la preparatoria, pero dígame cuántos años lleva enseñando esta materia."

El maestro me miró con sus ojos vivarachos y con un gesto de orgullo mal disimulado me respondió: "Llevo 24 años enseñando en este plantel, es decir, en la Escuela Nacional Preparatoria número 7, pero en realidad he dado clases durante toda mi vida. Mi primera clase la di cuando tenía 14 años. Un día, para mi sorpresa, mi maestro de latín me pidió explicar los numerales latinos a los alumnos del primer año. Con temor pero con gusto me preparé lo mejor que pude y les expliqué los numerales latinos de la manera más sencilla que me fue posible. Les hice unos ejercicios y, al terminar la clase, uno de los estudiantes me dijo que había entendido muy bien la lección. Por supuesto que me dio mucho gusto y desde entonces descubrí que tenía facilidad para dar clases. He sido profesor, prácticamente, durante más de 50 años de mi vida. Hoy tengo casi 70 años de edad y oficialmente ya estoy jubilado, pero me gusta venir a la escuela para ayudar a los alumnos que necesitan de alguna ayuda extra."

Después de oír sus palabras, mi siguiente pregunta era ya casi inútil, pero de cualquier modo me animé a formularla: "¿Le gusta ser profesor?" Su respuesta fue inmediata y casi automática: "¡Mucho! Al principio de cada lección acostumbro escribir en el pizarrón una frase o pensamiento para provocar en los alumnos un momento de reflexión. Una de mis frases favoritas es *Si no puedes hacer lo que amas, ciertamente sí puedes amar lo que haces*. A mí me gusta mucho dar clases y de verdad que lo hago con cariño. Mi amor por el magisterio es tan grande que al iniciar mi jubilación decidí escribir un libro sobre mi experiencia como profesor de etimologías."

Sin duda hubiera sido muy interesante indagar un poco sobre el contenido de ese libro, pero mi propia experiencia con esa materia durante la preparatoria me empujó a preguntarle: "Maestro, ¿tiene algún secreto para que sus alumnos estudien su materia?" Esta vez se detiene un momento antes de contestar: "El gran secreto es lograr que el estudiante quiera aprender. El estudiante que decide aprender, que valora el saber y desea cultivarse, camina solo y a mayor velocidad. Yo suelo hacer esta pregunta a mis estudiantes - *¿Cómo camina más rápido un automóvil, empujándolo o encendiendo su propio motor?* Por supuesto, los estudiantes responden a coro - *¡Encendiendo el motor!* Entonces les pregunto directamente - *¿Cómo aprovecha más el estudio un alumno, cuando es obligado a estudiar o cuando él quiere y decide hacerlo?* Al hacer esta pregunta, muchas veces los alumnos se quedan callados, pero la respuesta es obvia."

Continué diciendo: "Coincido con Ud. en que la respuesta es obvia, pero ¿cómo logra que sus alumnos quieran aprender?" Me respondió: "Honestamente, este es el reto más grande. Yo me esfuerzo por hacerles ver la gran utilidad que tienen las etimologías en su futuro estudio y en su vida en general. Les muestro que las etimologías aumentan notablemente su vocabulario. Les digo que en todos sus estudios van a necesitar de un abundante vocabulario y que las etimologías son una vía corta y rápida para aprender muchas palabras. Además, les muestro cómo las etimologías pueden ayudarlos a tener mejor ortografía y les hablo de otros muchos beneficios que tiene el conocer las raíces latinas y griegas porque estas forman un alto porcentaje de las palabras usadas tanto en el lenguaje hablado como en el lenguaje científico. Además, el conocimiento de las etimologías les puede ayudar a aprender, con mayor facilidad, idiomas extranjeros como el francés o el italiano e incluso el inglés, porque el origen de muchas de sus palabras está en las raíces latinas y griegas."

Ante mi gesto de duda, el maestro continúa: "También les hago escribir en una tarjeta: Yo (fulano de tal) decido sacar (aquí escriben la calificación que deciden obtener) en la clase de etimologías. Por supuesto, nadie decide reprobar. Este es un buen recurso. Pocos de mis alumnos reprueban la materia."

Luego le hice otra pregunta: "Este aspecto me interesa, maestro. ¿Qué otro recurso utiliza para que no reprueben sus alumnos?" Me contestó: "Después de la hora de clase platico con los estudiantes que sacan malas notas. Cuando faltan a clase, les hablo por teléfono para averiguar cuál es el problema. Mi trabajo no termina con la hora de clase. A mí me interesan mis muchachos y trato de que mi interés por ellos sea concreto."

Seguí diciendo: "El tiempo se nos acaba, profesor, pero no quiero dejar de preguntarle cuál es para Ud el fin de la educación." "El trabajo de la educación - me responde como quien ha reflexionado largamente en el asunto - tiene y logra muchos más fines de los que tenemos en la mente o formulamos en la escuela. Si me preguntas a mí qué es lo que trato de hacer con mis estudiantes, mi respuesta es muy sencilla. Lo que yo me esfuerzo por lograr es que cada uno de mis alumnos sea mejor. Siendo mejores nosotros, simultáneamente hacemos nuestro mundo mejor. Por eso, otra de las frases que les escribo en el pizarrón a mis alumnos cada año es: ***La forma de lograr que el mundo sea mejor, es ser mejor yo mismo.***"

Agradecí al maestro su amabilidad y le deseé una feliz jubilación y él, a su vez, me deseó una feliz estancia en México y mucho éxito en mi futuro.

Vocabulario

secreto m. 비밀
objetivo m. 목적, 목표
viviente adj. 살아있는
transformar v. 변형시키다, 바꾸다
mencionar v. 언급하다
alabar v. 칭찬하다
volado m. 동전을 공중으로 던져 앞 혹은 뒤쪽을 맞추는 게임
temblar v. 떨리다
respirar v. 숨을 쉬다
transmisión f. 전파
magisterio m. 교직
cariño m. 애정
privar de algo v. ~을 빼앗다
etimología f. 어원론
plantel m. 양성소
jubilado adj. 은퇴한
provocar v. 유발하다
maestro m. 선생
entrevistar v. 인터뷰하다
desarrollarse v. 발전하다
privacidad f. 사생활
ilusión f. 기대
valentía f. 용기
obligar a 동사원형 v. 어쩔 수 없이 ~하게 하다
aplauso m. 갈채, 박수
agente m. 요인
disponer de algo v. ~을 쓰다, 사용하다
profesión f. 직업
conservar v. 보존하다, 유지하다
grabar v. 녹음하다
vivaracho adj. 쾌활한, 팔팔한
facilidad f. 용이함
pizarrón m. 칠판
empujar v. ~에 압력을 가하다

a coro adv. 동시에	obvio adj. 분명한
coincidir con algo v. ~와 일치하다	reto m. 도전
abundante adj. 풍부한	vocabulario m. 어휘
ortografía f. 철자법	beneficio m. 이익
raíz f. 뿌리, 근원	reprobar v. 불합격시키다, 낙제하다
recurso m. 수단, 방법	averiguar v. 조사하다, 캐다
reflexionar v. 숙고하다	simultáneamente adv. 동시에

Expresiones

1. Lanzarse al ruedo (용기를 보이다).

Lanzarse al ruedo (용기 있는 행동을 하다)에서 ruedo는 투우장에서 투우사가 경기를 하는 장소를 일컫는다. 따라서 '그 경기장에 (투우와 싸우려고) 뛰어들다'의 문자적 의미의 표현은 '(어려운 일에) 용기를 보이다, 용기 있는 행동을 하다'라고 의역할 수 있다.

2. Le pedí el favor de presentármelo.
[그(내 친구)에게 그(선생님)를 내게 소개시켜 달라고 부탁했다].

Presentar동사에 간접 목적어와 직접 목적어가 합쳐져 이루어 진 형태이다. 이 경우에 동사 본래의 강세를 유지해야 하는 규칙에 의거해서 강세를 따로 표시해야 한다.

3. El día acordado para la entrevista (인터뷰를 하기로 한 날에)

Acordar (정하다, 의결하다)의 과거분사형인 acordado가 día를 수식하고 있다.

4. A pesar de lo corto de la entrevista (인터뷰가 짧은데도 불구하고)

Lo corto는 형용사인 corto가 중성관사 lo와 같이 명사화 되었다.

5. Esta persona es maestro de corazón. (이 사람은 참된 교사이다)

De corazón '참된, 진정한'의 의미로 사용된다.

6. Voy al grano inmediatamente. (즉각 단도직입적으로 말할게)

Ir al grano는 '(돌려서 말하지 않고) 단도직입적으로 용건만 말하다'의 의미로 일상 생활에서 많이 사용되는 관용표현이다.

7. Hubiera sido muy interesante indagar un poco sobre el contenido de ese libro, pero... (그 책의 내용에 관해 조금 물어보았더라면 매우 흥미로웠을텐데 하지만...)

이는 접속법 과거완료로 과거에 일어난 사실에 대한 반대의 가정을 나타낸다. 즉 본문에서 필자는 그 책의 내용에 관해 물어보지 않았다. 그래서 그에 대한 반대의 가정을 하는 것이다.

Hubiera sido mejor casarme con ella. (그녀와 결혼했더라면 더 좋았을 텐데)

8. Los alumnos se quedan callados. (학생들은 침묵을 지키고 있다)

Quedarse가 형용사와 함께 사용된 형태로 형용사는 주어의 성과 수에 일치시켜야 한다.

Lectura 18

¿CÓMO SE MONTA UNA OBRA DE TEATRO?

Kim Hoa llega jadeando a clase después de haber subido las escaleras a toda prisa para no llegar tarde. Respira profundamente para recuperar el aliento, mientras se arregla un poco el vestido, deja el bolso sobre su escritorio, se quita el suéter y cuando estamos ya todos sentados en nuestros escritorios respectivos, nos dirige la palabra.

No quería llegar tarde porque estoy muy entusiasmada con mi exposición. Aunque Raquel ya nos ha hablado sobre su amiga cantante, yo quise seleccionar para mi presentación a una mujer cuya profesión está representada, en su gran mayoría, por varones. La razón de mi elección es tratar de descubrir 'el toque femenino' que esta persona está dando a su trabajo profesional.

Cuando hablamos de cultura, muchas veces nos referimos a lo que el hombre ha hecho a través de la historia. Por supuesto que intelectualmente no tenemos dificultad para afirmar que la mujer también ha contribuido al desarrollo cultural, pero esta misma aclaración es ya, de por sí, paternalista y condescendiente.

Yo creo que hemos prestado muy poca atención a la aportación que la mujer ha dado a la cultura. Estoy convencida de que el mundo llegará a ser más comunitario, más tolerante, más fraternal el día en que aprendamos a descubrir, apreciar e incorporar en nuestra cultura social, educativa, económica y política, los valores que la mujer, en su vida diaria, nos recuerda con su sensibilidad siempre abierta a la relación.

Tuve la oportunidad de conocer a una directora de teatro. Ella es una mujer joven que me dio la impresión de tener muchas ideas e inquietudes, de reflexionar mucho y de ser muy creativa. En realidad, no es solo directora de teatro, también forma parte del grupo de jóvenes dramaturgos que están creando un nuevo estilo de teatro en este país. En un artículo que leí en el internet encontré su nombre junto con el de varios dramaturgos jóvenes a los que elogiaba por su estilo característico y su capacidad para construir mundos y personajes que llevan al público a reflexionar sobre la gente y las situaciones fuera de lo común.

Creo que lo mejor será dejarla hablar a ella mientras nos describe su experiencia al montar obras de teatro. Yo creo haber descubierto en ella el toque femenino del que les hablaba más arriba. Ciertamente el toque femenino que yo encuentro en su estilo no es exclusivo ni de ella ni de la mujer, y quizá no sea muy visible al público espectador de sus obras, pero indudablemente constituye una gran diferencia para las personas que trabajan con ella.

Yo escogí esta carrera universitaria por mi deseo de seguir siendo una gran espectadora. Desde niña el teatro me ha fascinado y por eso empecé mis estudios con la ambición de seguir disfrutando y aprendiendo de él.

Cuando escribo una obra de teatro, entro en mi interior y desde ahí imagino la obra de teatro que me gustaría estar viendo en ese momento. Mis textos nacen de artículos, noticias, anécdotas de la vida cotidiana.

Esos eventos estimulan mi imaginación y me invitan a investigar y reflexionar sobre la manera de ser de la gente. Con todo este material empiezo a dar forma a mi pieza teatral en donde me gusta experimentar con estilos y formas diversas, dando rienda suelta a mi creatividad.

Me apasiona escribir obras de teatro, pero mi trabajo y mis estudios me han capacitado fundamentalmente para montar y dirigir obras teatrales. Y esto es algo muy distinto, apasionante la mayor parte del tiempo.

Montar y dirigir una obra de teatro es una aventura que requiere de mucho tiempo pero es muy enriquecedora. Los caminos que nos llevan a iniciar esta aventura son muchos y variados. Para mí a veces empieza con un texto que me gusta mucho y por eso empiezo a imaginarlo en tres dimensiones. En otras ocasiones, el deseo de montar una obra nace de una idea que se me ha ocurrido al ver el montaje de alguna otra obra. Cuando esta idea toma forma en mi mente, le pido a uno o varios autores teatrales que escriban un texto que describa y desarrolle esa idea original. A veces, por supuesto, soy yo misma quien se anima a escribir dicho texto. De esta manera yo puedo incorporar en el texto todos los matices que han surgido en mi imaginación.

Una vez que se tiene un texto base, los siguientes pasos que hay que dar para montar una obra son también muy variables y dependen, en gran medida, de la formación, los objetivos y la creatividad personal de cada director. Yo les platico aquí el procedimiento que yo sigo.

Yo empiezo invariablemente con un texto dramático ya terminado (por cualquiera de las vías arriba mencionadas), pero solo si el texto despierta mi interés. El texto puede fascinarme o entusiasmarme o inquietarme o cuestionarme, pero nunca trabajo con una obra que me deja indiferente. Una vez que he elegido el texto, lo leo repetidamente y al mismo tiempo voy haciendo anotaciones de todo tipo.

Con la experiencia adquirida, desde la primera lectura del texto empiezo a ver la obra en mi mente: los actores que quiero, el vestuario, el escenario, la luz, los colores, los sonidos, etc. Esta primera visión viene a ser mi punto de partida para empezar a trabajar. Con este anteproyecto como base convoco a toda la gente con la que he decidido montar la producción: el equipo artístico (actores, músicos) y el equipo creativo (productor, diseñadores de la escenografía, asistentes).

Al principio de mi carrera, no empezaba a ensayar una obra sino hasta haber planeado todos los detalles (movimientos, escenario, música, sonido, luces) y tanto yo como los artistas debíamos ajustarnos al plan establecido. Últimamente privilegio, con frecuencia, las ideas de los actores y no tengo dificultad para ajustarme a nuevas ideas. Son ellos, generalmente, los que tienen las mejores ideas sobre el escenario, las luces, los movimientos, ya que ellos son quienes viven la obra.

Uno de los momentos más tedioso y muchas veces frustrante en el proceso de montar una obra es el de conseguir los recursos económicos para hacerlo. En teoría este trabajo corresponde al productor y no al director. Sin embargo, la realidad es que en muchos países tanto el director como el productor tienen que trabajar juntos para conseguir un buen patrocinador. Esto es particularmente cierto cuando el proyecto teatral es más artístico que comercial. Los gastos en la producción de una obra son muchos y muy altos: escenografía, mobiliario, equipos de sonido y de iluminación, papelería, grabaciones, publicidad, estipendios, etc. Los patrocinadores pueden ser tanto individuos como compañías particulares pero muchas veces son los gobiernos mismos los que patrocinan la producción de obras de teatro con el fin de promover la cultura.

El montaje y dirección de una obra de teatro implica mucho tiempo y esfuerzo, pero digo que es una aventura interesante porque nos permite jugar a ser dioses, creadores de varios mundos. Nos permite comunicar ideas a mucha gente, pero también nos permite crear momentos de silencio, de reflexión y de belleza entre los espectadores.

Como sucede con todas las artes, tú sabes que tu obra teatral ha sido exitosa, cuando compruebas que ha ofrecido al espectador la oportunidad de entretenerse, de cuestionarse, de disfrutar de la luz y de la oscuridad, del sonido y del silencio, y de esa forma, de conectarse, mejor dicho, reconectarse con toda la energía que lo hace ser un ser humano más completo.

Vocabulario

jadear v. 헐떡거리다
aliento m. 호흡
condescendiente adj. 관대한
comunitario adj. 공동체의
creativo adj. 창조적인
montar v. 기획하다
espectador m. 관객
recuperar v. 회복하다
respectivo adj. 각각의
aportación f. 기여, 공헌
fraternal adj. 우애적인
dramaturgo m. 극작가
exclusivo adj. 독점적인
constituir v. 형성하다

ambición f. 야망	interior m. 내면
anécdota f. 일화	estimular v. 자극하다
pieza f. 작품	aventura f. 모험
describir v. 묘사하다	desarrollar v. 발전시키다
incorporar v. 통합하다	matices m. pl. 색조, 양상, 표현
variable adj. 변하기 쉬운	procedimiento m. 방법, 행동
elegir v. 선택하다	anotación f. 기입
vestuario m. 의상	anteproyecto m. 초고
convocar v. 소집하다	escenografía f. 무대장치
ajustarse v. 타협하다	privilegiar v. 특권을 부여하다
tedioso adj. 싫증나는	proceso m. 과정
corresponder a algo v. ~에 해당되다	patrocinador m. 후원자
gastos m. pl. 경비	mobiliario m. 집기, 가구
iluminación f. 조명	estipendio m. 급료, 보수
implicar v. 함유하다, 내포하다	entretenerse v. 즐기다

Expresiones

1. Nos dirige la palabra. (우리를 향해 말하다)

   Dirigir la palabra는 '(~을 향해) 말을 걸다'의 의미이다.

2. Toque femenino (여성적인 측면, 색깔, 특징)

   Toque라는 단어는 형용사와 함께 많이 사용되는 단어로 Toque masculino는 남성적인 색깔의 의미로 사용된다.

3. Dando rienda suelta (나의 창조성을 마음껏 발휘하며)

   Dar rienda suelta는 '고삐를 놓다'의 의미로 사용되는 표현이므로 위와 같이 의역할 수 있다.

ENVEJECER ES OBLIGATORIO, CRECER ES OPCIONAL

Estimado profesor:

Un saludo afectuoso desde México. Todos estos meses que he estado por aquí han sido muy enriquecedores. Las clases y discusiones en el instituto, ciertamente, me han ayudado a aprender mejor y a practicar más el español. Sin embargo, lo más valioso de este período ha sido, sin duda, la relación y el intercambio con mis compañeros de clase, la oportunidad de vivir en medio de una familia mexicana y de crear con ellos lazos de amistad que, estoy seguro, durarán toda mi vida, y la posibilidad única de experimentar una nueva cultura desde dentro en completa inmersión.

El tiempo vuela y me doy cuenta de que tengo que aprovechar al máximo los pocos meses que me quedan de estancia en este país. Me gustaría poder viajar más para conocer otras zonas del país, pero desgraciadamente las clases no me permiten usar para esto más que los fines de semana. Por eso entre mis planes está visitar algunos museos, exposiciones y galerías de arte; ver algunas buenas películas y obras de teatro y escribir un resumen con mis reflexiones sobre las mismas; y leer lo más que pueda sobre los temas que me interesan y que voy descubriendo como importantes. Pienso dedicar una buena parte de mi tiempo en estas actividades, pero sobre todo quiero seguir aprovechando la oportunidad de platicar con mis compañeros y amigos, con mi familia adoptiva y con la gente que encuentro en mi vida diaria. Me he dado cuenta de que la mayor riqueza está en el intercambio con las personas reales que viven, sufren, gozan, sueñan y se esfuerzan por hacer realidad sus sueños.

Profesor, quizá le sorprenda todo esto que le cuento porque, cuando estaba en la universidad, no pensaba más que en gozar y divertirme. En realidad todas esas cosas todavía me atraen mucho, pero la experiencia que estoy viviendo me ha abierto los ojos. Me doy cuenta de que el tiempo pasa rápidamente y que, por consiguiente, no puedo dejar pasar las oportunidades que se me brindan. Hace unos días un amigo me envió, a través del internet, una presentación que me impresionó mucho y me hizo reflexionar aún más profundamente sobre nuestra responsabilidad ante la vida. Quiero compartir esta presentación con usted y por eso se la mando en un archivo adjunto a este e-mail. Se la envío en señal de gratitud porque usted ha sido para nosotros ejemplo de esto mismo que aparece en la presentación. Su persona, su actitud e interés por cada uno de sus alumnos y la pasión por la vida que nos transmite en sus clases nos dan el mismo mensaje de esta presentación. Desgraciadamente, corremos el riesgo de no ver el mensaje profundo que nos dan personas como usted, porque la tendencia general parece ser el ver solo la superficie y no poner atención a los mensajes que nos da la gente, no con sus palabras sino con su ejemplo.

Le envío, pues, esta presentación titulada 'Envejecer es obligatorio, crecer es opcional', con todo mi respeto y agradecimiento. Espero que la disfrute.

Yang, Mingyu

(Archivo adjunto).

ENVEJECER ES OBLIGATORIO, CRECER ES OPCIONAL

En el primer día de clase nuestro profesor se presentó a sus alumnos y nos desafió a que nos presentáramos a alguien que no conociéramos todavía. Yo permanecí de pie mirando alrededor cuando una mano suave tocó mi hombro.

Miré para atrás y vi a una pequeña señora, viejita y arrugada, sonriéndome radiante con una sonrisa que iluminaba todo su ser.

Ella dijo: "Hola, buen mozo. Mi nombre es Rosa. Tengo ochenta y siete años de edad. ¿Puedo darte un abrazo?" Yo reí y respondí: "¡Claro que puedes!" Y ella me dio un gigantesco apretón.

"¿Por qué estás en la facultad a tan tierna e inocente edad?" - pregunté. Ella respondió bromeando: "Estoy aquí para encontrar un marido rico, casarme, tener un par de hijos y luego jubilarme y viajar."

"Estás bromeando" - le dije. Tenía curiosidad de saber lo que la había motivado a entrar en este desafío a su edad y ella dijo: "Siempre soñé con tener estudios universitarios y ahora ¡lo estoy haciendo!" Después de la clase fuimos a un lugar de reunión de estudiantes y compartimos una leche malteada de chocolate. Nos volvimos amigos instantáneamente. Todos los días en los próximos tres meses tuvimos clase juntos y hablamos sin parar. Permanecía siempre extasiado escuchando a aquella 'máquina del tiempo' compartir su experiencia y sabiduría conmigo.

En el transcurso del año, Rosa se volvió un icono en el campus universitario y hacía amigos fácilmente, dondequiera que fuese. Adoraba vestirse bien y gozaba con la atención que le daban los otros estudiantes. ¡Disfrutaba verdaderamente de la vida!

Al final del semestre invitamos a Rosa a hablar en el banquete organizado para agasajar a los equipos que participaron en el torneo de fútbol de la universidad.

Jamás olvidaré lo que ella nos enseñó. Fue presentada y se aproximó al podio. Cuando comenzó a leer el discurso que había preparado, dejó caer al suelo tres de las cinco hojas de papel que tenía en la mano. Frustrada y visiblemente nerviosa, tomó el micrófono y dijo simplemente: "Discúlpenme, ¡estoy tan nerviosa! Dejé de beber allá por Pascua y este whisky que me tomé hace un momento para tranquilizarme me está matando. Nunca conseguiré colocar mis papeles en orden nuevamente, entonces permítanme hablarles sobre aquello que yo sé."

Mientras nos reíamos todos, ella limpió su garganta y continuó: "No dejamos de amar porque envejecemos; envejecemos porque dejamos de amar. Existen algunos secretos para continuar siendo jóvenes, felices y exitosos. Es necesario reír y encontrar el humor en cada día. Es necesario tener un sueño. Cuando se pierden los sueños, uno se muere. Hay tantas personas caminando por ahí que están muertas y ¡no se dan cuenta! Hay una enorme diferencia entre envejecer y crecer. Si tienes 19 años y te quedas acostado en la cama por un año entero sin hacer nada productivo, llegarás a los 20 años. Si yo tengo 87 años y me quedo en la cama por un año sin hacer cosa alguna, llegaré a los 88 años. Cualquier persona consigue envejecer. Eso no exige talento ni habilidad. Pero lo verdaderamente importante es crecer siempre encontrando la oportunidad de cambiar. No tengas remordimientos. Los viejos generalmente no se arrepienten de aquello que hicieron sino de aquellas cosas que dejaron de hacer. Las únicas personas que le tienen miedo a la muerte son aquellas que tienen remordimientos."

Rosa concluyó su discurso cantando alegremente 'La Rosa'. Nos desafió a cada uno de nosotros a estudiar poesía y a practicarla en nuestra vida diaria.

Al final del año Rosa terminó el último año de la facultad que había comenzado tiempo atrás. Una semana después de su graduación, Rosa murió tranquilamente en su sueño.

Más de dos mil alumnos de la facultad acudieron a su funeral en honor a la maravillosa mujer que enseñó, a través del ejemplo, que nunca es demasiado tarde para ser todo aquello que podemos probablemente llegar a ser.

Envejecer es obligatorio, crecer es algo que yo puedo o no elegir.

Vocabulario

envejecer *v.* 늙다
crecer *v.* 성장하다
enriquecedor *adj.* 풍부한

obligatorio *adj.* 의무의
opcional *adj.* 선택의
lazo *m.* 맺음

exposición f. 전시회	adoptivo adj. 양자관계의
responsabilidad f. 책임감	compartir v. 나누다
ejemplo m. 모범	tendencia f. 경향
superficie f. 표면	permanecer v. 머물다
hombro m. 어깨	arrugado adj. 주름진
bromear v. 농담하다	jubilarse v. 은퇴하다
extasiado adj. 넋을 잃은	agasajar v. 환대하다
podio m. 단, 대	remordimiento m. 후회
funeral m. 장례식	elegir v. 선택하다

Expresiones

1 Tengo que aprovechar al máximo los pocos meses que me quedan de estancia en este país.

(나는 내게 남은 이 나라에서 체류할 몇 달 안 되는 기간을 최대한 이용해야 한다)

Al máximo는 '최대한'의 의미로 사용된다.

2. No pensaba más que en gozar y divertirme.

(나는 즐기고 노는 것 이외에는 생각하지 않았었다)

No 동사 más que algo는 'algo이외는 ~하지 않다'의 뜻으로 사용된다.

3. Corremos el riesgo de no ver. (우리는 보지 못할 위험이 있다)

이 구문에서 correr el riesgo de algo는 '(~할) 위험에 빠지다'의 의미로 사용된다.

4. Nos volvimos amigos instantáneamente. (우리는 즉시 친구가 되었다)

Volverse + 명사/형용사는 '무엇 또는 어떻게 되다'의 의미이다.

5. Dondequiera que fuese (어디를 가든 간에)

Lectura 20

GOTAS DE SABIDURÍA

Hace unas dos o tres semanas estuve hablando con Luis sobre sus clases de literatura en la preparatoria. El me contaba que su maestro generalmente les da como tarea leer algunas de las obras famosas de la literatura universal y escribir un reporte sobre las obras leídas. Dicho reporte consta de dos partes: la primera es un resumen breve del libro leído y la segunda parte consiste en escribir las reflexiones o pensamientos o ideas surgidas a raíz de la lectura de esa obra.

Luis se quejaba un poco de que hacer esta clase de tareas le exige mucho tiempo tanto de lectura como de reflexión. A mí me parece que este tipo de tareas es una magnífica idea y hasta sentí un poco de envidia. Cuando yo estudié literatura universal, el maestro solo nos pedía memorizar el título de algunas obras famosas de los autores y, a lo más, pudimos leer un breve resumen sobre el contenido de algunas de ellas en el libro de texto, pero no tuvimos la oportunidad de leerlas directamente.

Este pensamiento me estuvo dando vueltas en la cabeza por algunos días y me llevó a la conclusión de que tenía que dedicar más tiempo a la lectura, sea de obras famosas de la literatura universal, sea de libros de diversos temas actuales de importancia. El hecho de estar aprendiendo español, en realidad, me abre la puerta para poder aproximarme a un mayor número de libros porque me da la posibilidad de leer obras en esta lengua también.

Después de esa plática con Luis, otra pregunta estuvo rondando en mi cabeza. ¿Cómo puedo capturar la sabiduría que tantos autores, pensadores y gente en general nos transmiten y comparten? Y después de pensarlo detenidamente decidí hacer un esfuerzo por recopilar las 'gotas de sabiduría' que encuentro cada día en los libros o en la plática con la gente o en cualquier otro medio. La sabiduría es algo que se adquiere a través de la experiencia, pero también creo que podemos familiarizarnos con ella a través de las frases cargadas de sentido que muchos autores escriben o que escuchamos en contacto con personas de edad y experiencia.

Así pues, he empezado a juntar y anotar en un cuadernillo especial estas frases, proverbios o pensamientos que encuentro en libros, revistas, conversaciones. Llamo a este cuaderno, precisamente, 'Gotas de Sabiduría'. A continuación escribo algunas de las frases que he recopilado.

1. Locura es hacer lo mismo una vez tras otra y esperar resultados diferentes. (Albert Einstein)
2. El signo más evidente de que se ha encontrado la verdad es la paz interior. (Amado Nervo)
3. Hay personas que por mucho que envejezcan, jamás pierden su belleza; solo se les pasa de la cara al corazón. (Martin Berxbaum)
4. Lo que haga hoy es importante porque estoy utilizando un día de mi vida en ello.
5. Así como una jornada bien empleada produce un dulce sueño, así

una vida bien usada causa una dulce muerte. (Leonardo Da Vinci)

6. Mi conciencia tiene para mí más peso que la opinión de todo el mundo. (Marco Tulio Cicerón)
7. Los mejores momentos de la vida vienen por sí solos; no tiene sentido esperarlos. (Thorton Wilder)
8. El instante mágico es aquel momento en el que un sí o un no pueden cambiar toda la existencia. (Paulo Coelho)
9. La dicha de la vida consiste en tener siempre algo que hacer, alguien a quien amar y alguna cosa que esperar. (Thomas Chalmers)
10. Equilibra tus necesidades a tu riqueza y no serás pobre ni rico, sino simplemente afortunado. (Chirlón de Lacedemonia)
11. Lo más importante en la vida es aprender a vivir. Aprender a vivir es aprender a amar.
12. El secreto para vivir en paz con todos consiste en el arte de comprender a cada uno según su individualidad. (Federico Luis Jahn)
13. Si es bueno vivir, todavía es mejor soñar y lo mejor de todo, despertar. (Antonio Machado)
14. Mi felicidad consiste en que sé apreciar lo que tengo y no deseo con exceso lo que no tengo. (Leon Tolstoi)
15. La vida no se mide por el número de respiraciones que has hecho sino por los momentos que te han dejado sin aliento. (Maya Angelou)
16. En realidad, no vemos las cosas como son, las vemos como somos nosotros. (Anaïs Nin)
17. Si tú no sabes hacia dónde vas, cualquier camino te llevará ahí.

(Lewis Carroll)

18. Nadie puede hacerte sentir que eres inferior sin tu consentimiento. (Eleanor Roosevelt)
19. El conocimiento habla, la sabiduría escucha. (Jimi Hendrix)
20. No es que sea tan inteligente; lo que pasa es que me quedo con la pregunta por más tiempo. (Albert Einstein)
21. Si tú juzgas a la gente, no tendrás tiempo para amarla. (Mother Teresa)
22. Si no puedes hacer lo que amas, ama lo que haces.
23. En todas las cosas hay hermosura, pero no todos pueden verla. (Confucio)
24. Sé tú el cambio que deseas ver en el mundo. (M. Gandhi)
25. Si algo no te gusta, cámbialo; si no puedes cambiarlo, cambia tu actitud. No te quejes. (Maya Angelou)
26. Cuando tú quieres algo verdaderamente, todo el universo conspira para ayudarte a realizarlo. (Paulo Coelho)
27. Cuando el dedo apunta al sol, el estúpido únicamente ve el dedo.
28. Lo esencial es invisible a los ojos, solo se puede ver con el corazón. (El Principito)
29. Si no vives como piensas, terminarás pensando como vives.
30. Lo más importante en la vida es aprender a vivir y aprender a vivir es aprender a amar.
31. Cuando siento que estoy cayendo en la desesperación, recuerdo que a lo largo de toda la historia el amor y la verdad siempre han vencido. Ha habido tiranos y asesinos y durante algún tiempo,

pueden parecer invencibles, pero al final siempre pierden. Nunca lo olvides. (Mahatma Gandhi)

32. En tiempos de mentira, decir la verdad es un acto revolucionario. (George Orwell)

33. Yo me abstengo de las personas que consideran a la insolencia, valentía y a la ternura, cobardía. Y también me abstengo de aquellos que consideran al parloteo, sabiduría y al silencio, ignorancia. (Gibran Kahlil)

34. Los factores que destruyen al hombre son:
    - la política sin principios
    - el placer sin compromiso
    - la riqueza sin trabajo
    - la sabiduría sin carácter
    - los negocios sin moral
    - la ciencia sin humanidad
    - la oración sin caridad (Mahatma Gandhi)

35. Contemplación es una larga y amorosa mirada a lo que es real. (Judy Cannato)

Vocabulario

literatura f. 문학
constar de algo v. ~로 이루어 지다
consistir en algo v. ~에 있다, 기반을 두다
rondar v. 맴돌다
pensador m. 사상가
recopilar v. 발췌하다

tarea f. 과제
breve adj. 간결한
quejarse de algo v. ~에 대해 불평하다
sabiduría f. 지혜
detenidamente adv. 차근차근
medio m. 수단

adquirir v. 얻다	juntar v. 수집하다
proverbio m. 속담	revista f. 잡지
locura f. 정신 나간 짓	signo m. 표시
belleza f. 아름다움	corazón m. 마음
instante m. 순간	equilibrar v. 균형을 맞추다
exceso m. 과잉, 과도	consentimiento m. 동의
conspirar v. 힘이 되다	tirano m. 폭군
asesino m. 살인범	insolencia f. 오만함
factor m. 요소	contemplación f. 주시, 응시

Expresiones

1 A raíz de la lectura de esa obra (그 작품에 뿌리를 두고)

Raíz는 '뿌리, 근원'의 의미로 a raíz de의 형태로 사용된 표현이다.

2. A lo más (많아야, 고작해야)

3. Este pensamiento me estuvo dando vueltas en la cabeza.
(이 생각이 내 머리 속에서 맴돌았다)

이 구문에서 dar vueltas는 '(어떤 생각이) 계속 떠오르다'의 의미로 사용된다.

4. Sea de obras famosas de la literatura universal, sea de libros de diversos temas actuales de importancia (세계문학 작품이던지 아님 현존하는 다양한 주제의 주요 작품이던지 상관없이)

Sea A, sea B는 'A이든지 B이든지'의 뜻으로 사용되는 표현이다.

5. Por mucho que envejezcan (아무리 늙더라도)

Por mucho que는 접속법 동사와 함께 '아무리 ~할 지라도'의 의미로 사용되는 구문이다.

Lectura 21

CELEBRANDO UNA POSADA NAVIDEÑA

La semana pasada tuve una experiencia singular. Celebramos una 'posada' en la forma tradicional. La familia con la que vivo tiene la buena costumbre de organizar cada año una posada al estilo tradicional con el objeto de mantener vivo el significado original de la celebración. De esta forma, los señores González quieren transmitir a sus hijos las bonitas tradiciones con las que México ha esperado la fiesta de Navidad a través de los años.

Estas posadas se celebran durante los nueve días anteriores a la Navidad y en preparación a la misma. El objetivo religioso es prepararse para la fiesta de Navidad, día en el que los cristianos conmemoran el nacimiento de Jesús de Nazaret, recordando el viaje de José y María (los padres de Jesús) de Nazaret a Belén, y la angustiosa búsqueda de José por una posada o albergue en donde María, en avanzado estado de embarazo, pudiera dar a luz a Jesús.

En la actualidad el significado religioso de esta celebración ha ido desapareciendo y solo se observa la tradición como un pretexto para organizar, durante esa misma temporada, fiestas y bailes con el mismo nombre de posadas que conservan solo el rito de 'romper la piñata' para darle así su típico carácter navideño. También he podido asistir a un par de este tipo de nuevas posadas, pero la verdad es que no me han llamado mucho la atención.

La posada tradicional que organizamos en casa de los señores González, por el contrario, ha constituido una experiencia muy interesante que se me ha quedado profundamente grabada en la memoria y el corazón.

Voy a contarles cómo es la celebración y también les daré algunos detalles de los preparativos.

La gente fue llegando a la casa entre las cinco y media y las seis de la tarde. Los invitados eran, en su mayoría, familiares de la familia González, pero también hubo amigos y compañeros tanto de los señores González como de sus hijos e hijas. Lo que me llamó la atención es que fueron familias completas las que asistieron a la posada. En otras palabras, las posadas son una celebración familiar con adultos, jóvenes y un buen número de niños que dan un toque muy especial a la reunión.

A las seis de la tarde todos nos juntamos en la espaciosa sala de la casa en donde habíamos ya preparado de antemano el 'Nacimiento' y también una mesita con 'Los Peregrinos'.

El 'Nacimiento' es la escenificación del nacimiento de Jesús hecha con figurines de barro que representan a José, María, los Reyes Magos, los pastores y hasta las ovejas y animales del establo en el que nace Jesús. 'Los Peregrinos' son también figurines que representan a José jalando a un burro en el que va montada María encinta y una palmera que nos indica que están de camino.

Como decía, a las seis en punto todos nos juntamos alrededor del 'Nacimiento'. Algunos se pusieron de rodillas, otros se sentaron en los sillones, los niños se sentaron sobre la alfombra en el suelo. Entonces, empezó el Sr. González a explicarnos a todos lo que íbamos a hacer y recordar. A continuación la Sra. González empezó el rezo del rosario en el que recordamos varias escenas de la infancia de Jesús. La Sra. González mencionaba la escena a recordar y alternándose con todos los demás iniciaba el rezo del Ave Maria.

Después de terminar el rezo del rosario, el Sr. González volvió a tomar la palabra para decirnos que íbamos a cantar la posada para recordar la afanosa búsqueda de José por un albergue en donde María pudiera dar a luz a su hijo.

Entonces, nos dividimos en dos grupos. Un grupo salió al patio llevando cargada la mesita con 'Los Peregrinos', el otro grupo se quedó en la sala-comedor dentro de la casa. En lugares diferentes, en donde había una ventana o alguna puerta que daba al patio, 'Los Peregrinos' cantaban desde afuera pidiendo posada y el grupo de dentro hacía las veces de los dueños de los diferentes mesones que negaban la entrada a 'Los Peregrinos' por falta de lugar. Cada estrofa es cantada alternativamente por el grupo de afuera y el de adentro, haciendo cada uno su papel. La letra del simpático y pegajoso canto es la siguiente:

DESDE AFUERA	DESDE ADENTRO
En nombre del cielo os pido posada pues no puede andar mi esposa amada.	Aquí no es mesón sigan adelante. Yo no debo abrir, no sea algún tunante.

No seas inhumano,
tennos caridad,
que el Dios de los cielos
te lo premiará.

Ya se pueden ir
y no molestar
porque si me enfado
los voy a apalear.

Después de cantada esta primera posada, el grupo de 'Los Peregrinos' se traslada entristecido a la siguiente puerta o ventana, mientras cantan la siguiente invocación:

Oh, peregrina agraciada, oh bellísima María,
yo te ofrezco el alma mía para que tengáis posada.

Mientras tanto, el grupo de adentro también se mueve a la segunda ventana o puerta para hacer nuevamente el papel de dueño del mesón. El grupo de afuera canta con insistencia:

Venimos rendidos
desde Nazaret,
yo soy carpintero
de nombre José.

No me importa el nombre,
déjenme dormir,
pues que yo les digo
que no hemos de abrir.

Posada te pide,
amado casero,
por solo una noche
la Reina del Cielo.

Pues si es una reina
quien lo solicita,
¿cómo es que de noche
anda tan solita?

Y continúan cantando:

Mi esposa es María,
es Reina del Cielo
y madre va a ser
del Divino Verbo.

¿Eres tú José?
¿Tu esposa es María?
Entren peregrinos
no los conocía.

Dios pague, señores,
vuestra caridad,
y que os colme el cielo
de felicidad.

¡Dichosa la casa
que alberga este día
a la Virgen pura,
la hermosa María!

Y así, una vez que los dueños del mesón han reconocido y dado la bienvenida a José y María, el grupo de adentro abre las puertas y todos juntos cantan jubilosos:

Entren, Santos Peregrinos
reciban este rincón,
que aunque es pobre la morada,
os la doy de corazón.

Cantemos con alegría
todos, al considerar
que Jesús, José y María
nos vinieron hoy a honrar.

Con este canto y entre risas, ruido de silbatos, luces de bengala y mucha algarabía, terminó la parte religiosa de la celebración.

Me llamó mucho la atención el hecho de que durante todo este rato del rezo del rosario y el canto de las posadas, los niños, aunque con su normal inquietud, se mantuvieron en un respetuoso silencio y junto con los mayores, contestaban animosamente al rezo de las Ave Marías y eran los primeros en cantar con fuerza y gusto el canto de las posadas. En medio de la simplicidad de los cantos y rezos pude sentir que algo mucho más profundo transpiraba en el ambiente, algo que me produjo una sensación de paz, de tranquilidad y alegría difíciles de describir.

Después de un breve intermedio y mientras servíamos a todos un sabroso ponche y distribuíamos los aguinaldos, Luis con su papá y unos amigos salieron al patio para confirmar que todo estuviera listo para la segunda y simpática segunda parte de la fiesta: ¡¡¡La piñata!!!

Nacimiento

Nacimiento

Vocabulario

posada f. (예수님 탄생 전 마리아와 요한이 베들레헴으로 여행한 것을 기리는 9번의 축제, 일반적으로 12월 16일부터 24일까지 열린다) 또한 여인숙의 의미도 있다.

transmitir v. 전하다, 전파하다
Navidad f. 성탄절
religioso adj. 종교적인
embarazo m. 임신
rito m. 의식
juntarse v. 모이다
barro m. 점토
oveja f. 양
jalar v. 끌다
alfombra f. 융단
alternarse v. 서로 번갈아 하다
afanoso adj. 몹시 힘든

tradición f. 전통
objetivo m. 목적
albergue m. 숙박지
pretexto m. 핑계
intermedio m. 막간
Nacimiento m. 구유
Reyes Magos m. pl. 동방박사
establo m. 마굿간
burro m. 당나귀
rezo del rosario m. 묵주의 기도
rezo del Ave Maria m. 성모송
búsqueda f. 찾음

estrofa f. (시의) 절	papel m. 역할
mesón m. 여인숙, 여관	tunante m. 악당, 불량배
caridad f. 자비	apalear v. (몽둥이 등으로) 치다
invocación f. 기도, 기원	rendido adj. 피곤한, 지친
peregrino m. 순례자	Divino Verbo m. 하느님의 말씀
albergar v. 숙박시키다	colmar v. 가득 채우다
reconocer v. 알아보다	jubiloso adj. 크게 기뻐하는
silbato m. 호루라기	luz de bengala f. 조명탄, 벵골 불꽃
algarabía f. 왁자지껄, 아우성, 소란	simplicidad f. 단순함
profundo adj. 심오한	transpirar v. 스며 나오다, 발산하다

piñata f. (과자, 과일들을 넣어 만들어 놓은) 허수아비 인형
ponche m. 펀치 (과일, 설탕. 계피, 럼주 등으로 만든 따뜻한 음료)
aguinaldo m. 과일, 사탕, 과자로 구성된 크리스마스 선물 상자

Expresiones

1. Con el objeto de mantener vivo el significado original de la celebración
(축하의 본래 의미를 생생하게 보존하기 위한 목적으로)

이 구문에서 형용사 vivo는 mantener동사와 연결되어 있는 동시에 목적어인 el significado original de la celebración과도 관련이 있어 이 요소의 성과 수에 일치시켜야 한다. 그러므로 남성 단수형인 vivo가 사용되었다.

2. Dar a luz (출산하다)

이 표현은 '출판하다, 출산하다'의 의미로 쓰인다. 본문에서는 두 번째 뜻으로 사용되었다.

3. Hubo amigos y compañeros tanto de los señores González como de sus hijos e hijas.
(González 부부의 친구, 동료뿐 아니라 그 부부 자녀들의 친구와 동료도 있었다)

Tanto A como B는 'A 뿐 아니라 B도'의 뜻으로 no solo A sino también B와 유사 표현이다.

4. De antemano (미리, 사전에)

5. Algunos se pusieron de rodillas. (어떤 이들은 무릎을 꿇었다)

Rodillas는 '무릎'이고 ponerse de rodillas는 '무릎을 꿇다'의 뜻이다.

6. Llevando cargada la mesita (탁자를 짊어지고 가지고 가면서)

여기에서 cargada는 la mesita의 성과 수에 일치시켜야 한다.

7. El grupo de dentro hacía las veces de los dueños de los diferentes mesones (안에 있는 그룹은 다른 여관 주인들을 대신하였다)

Hacer las veces de alguien은 '어떤 사람을 대리한다'의 의미이다.

¡DALE, DALE, DALE...!

Después del rezo y canto de la posada es ¡la hora de la piñata!

Luis y su papá habían ya arreglado todo para colgar la piñata y poder manipularla cómodamente. Una cuerda gruesa y resistente se coloca a unos cuatro metros de altura. Por un lado se fija a la pared y por el otro se coloca una polea para poder subir y bajar la cuerda fácilmente a pesar del peso de la piñata.

De esta cuerda se cuelga la piñata, que es una olla grande de barro, adornada previamente en diferentes formas y colores dentro de la cual se ponen frutas y chocolates.

En el lugar de la cuerda de donde se amarra la piñata, se amarra otra cuerda mucho más delgada que servirá también para manipular la piñata. La cuerda gruesa metida en la polea permite mover la piñata hacia arriba y hacia abajo; la cuerda más delgada sirve para jalar la piñata horizontalmente en diferentes direcciones.

Las hermanas de Luis se encargaron de organizar el juego. Mientras Virgi formaba a los niños en una fila empezando por los más pequeños para que esperaran su turno, Estela se encargó de amarrar una mascada a los ojos de la persona a quien le tocaba tratar de romper la piñata.

Una vez que el niño estuvo con los ojos vendados y un garrote en la mano, Estela lo acercó a golpear suavemente la piñata y después lo alejó a unos pasos de distancia de la misma y lo hizo girar sobre su propio eje antes de dejarlo solo.

En ese momento empezaron los gritos de los presentes dando instrucciones a la persona vendada para que se aproximara a la piñata: ¡adelante!... ¡a la derecha!... ¡no, más a tu izquierda!... ¡arriba!... ¡abajo! Mientras la mayoría de los niños y jóvenes daba instrucciones a los vendados, otro grupo de jóvenes y adultos, por si el ruido fuera poco, cantaba los versos tradicionales de este momento:

¡Dale, dale, dale, no pierdas el tino,
porque si lo pierdes, pierdes el camino!

¡No quiero oro, ni quiero plata,
yo lo que quiero es romper la piñata!

La piñata tiene caca..., tiene caca...,
cacahuates de a montón.
Esta piñata de muchas mañas,
solo contiene naranjas y cañas.

El niño o la persona vendada movía el garrote y golpeaba con fuerza arriba o abajo, con movimientos lentos o frenéticos tratando de golpear y romper la piñata, mientras Luis y su papá se encargaban de moverla en todas direcciones y altitudes para despistar al concursante.

De esa forma fueron pasando los niños y las niñas y poco a poco también los jóvenes y hasta los adultos hasta que alguien, en un momento de suerte y habilidad, alcanzó la piñata y de un buen golpe destrozó la olla mandando su contenido al suelo.

Al romperse la piñata, todos tratan de juntar el mayor número de frutas y dulces que se llevan a casa como codiciado tesoro.

Como la gente era mucha, esa noche tuvimos para romper, tres piñatas. Una la preparamos nosotros en casa y las otras dos fueron traídas por las familias que asistieron a la posada.

Entre rezos y piñatas, risas y gritos, pláticas y cantos, el tiempo pasó sin darnos cuenta y cuando menos pensamos, ya eran las nueve de la noche, pasadas.

Los invitados empezaron a despedirse agradeciendo a los señores González su invitación y haciendo comentarios muy positivos sobre la celebración. Todos lamentaban que esta hermosa tradición estuviera perdiendo su sentido original y exhortaron vehementemente a los anfitriones a volver a organizar esta celebración tradicional el próximo año.

Cuando todos se habían ido, todos en casa, tanto los señores González como Luis, Estela, Virgi y yo estábamos exhaustos pero muy contentos de que la celebración había sido todo un éxito.

La casa, sobre todo, el patio estaba hecho un asco con toda la basura de las piñatas, pero como ya era tarde, decidimos todos irnos a descansar y hacer la limpieza de la casa el día siguiente que afortunadamente fue sábado.

Como todos hablaban del sentido original de las posadas, tuve la curiosidad de investigar un poco sobre la historia de esta tradición.

Los misioneros españoles usaron la piñata como instrumento de instrucción religiosa, pero supieron adoptar y adaptar una tradición similar que ya existía entre los aztecas, que fueron los habitantes nativos de estas tierras.

Para celebrar el nacimiento de su dios de la guerra, Huitzilopochtli, los sacerdotes aztecas colocaban sobre un poste una olla de barro adornada hermosamente con plumas de aves. Dentro de la olla ponían pequeños tesoros y cuando los sacerdotes rompían la olla con un palo, los tesoros caían a los pies de la imagen del dios simbolizando las ofrendas que la gente le hacía.

Los misioneros usaron estos símbolos para instruir a los nativos en la religión cristiana.

A la olla decorada, convertida ahora en piñata, le dieron varios significados. El primero de los significados de la piñata era la representación del demonio o Satanás, quien usa de atractivos subterfugios (adornos de la piñata) para engañar a la humanidad. La forma más tradicional de la piñata era la de una como estrella con siete picos, al final de los cuales colgaban unos listones o papeles de colores. Estos picos representaban los siete pecados capitales: avaricia, glotonería, pereza, orgullo, envidia, ira y lujuria. Las frutas y dulces representarían, en este contexto, las tentaciones de la riqueza y de los placeres mundanos. Romper la piñata significaba destruir al demonio y deshacer sus encantos.

En un tono más positivo el juego de la piñata también podía representar y simbolizar las tres virtudes cardinales: la persona vendada de los ojos representa la Fe que, aún actuando en la oscuridad, desafía al mal; la piñata colgada sobre la cabeza de los asistentes representa a la Esperanza porque hace que todos dirijan su mirada hacia arriba, hacia el cielo, desde donde todo bien viene a la humanidad; y por fin, la piñata también simboliza a la Caridad porque al romperse distribuye entre todos los presentes sus dones y bendiciones.

Como decíamos, en la actualidad la piñata ha perdido su simbolismo religioso y se ha convertido solo en una diversión no solo en tiempo navideño sino también durante la celebración de cumpleaños y fiestas. Por consiguiente, hoy podemos encontrar piñatas en todas las formas y tamaños. Algunas tienen la forma de algún personaje de las caricaturas, popular entre los niños, pero también pueden tener formas de frutas, caras, animales y hasta de algún personaje de la política que quiere ser satirizado.

Las piñatas están generalmente llenas de frutas, dulces, chocolates, etc., pero también existen las llamadas 'piñatas-trampa' que están llenas de harina o confeti o incluso agua perfumada y ¡qué gran sorpresa se lleva la gente cuando la piñata cae al suelo!

Piñata

Piñata

Vocabulario

manipular v. 다루다
cuerda f. 밧줄
polea f. 도르래
colgar v. 매달다
amarrar v. 묶다
horizontalmente adv. 평행으로
turno m. 순서
frenético adj. 미친 듯이 날뛰는
despistar v. 정신을 산란하게 하다, 주의를 분산시키다
destrozar v. 조각 내다
suelo m. 바닥
tesoro m. 보물
vehementemente adv. 열렬히
exhausto adj. 고갈된, 바닥이 난 (본문에서는 체력이 고갈된 상태를 말함)
instrumento m. 도구
azteca m. f. (멕시코 원주민) 아스떼까족
poste m. 기둥
palo m. 막대기
instruir v. 가르치다, 교육하다
subterfugio m. 핑계, 구실
pico m. 뾰족한 끝
pecado m. (종교, 도덕상의) 죄
glotonería f. 폭식, 대식
tentación f. 유혹
virtud f. 가치
caricatura f. 만화, 풍자화
cómodamente adv. 편안하게
grueso adj. 굵은
peso m. 무게
olla f. 항아리
delgado adj. 가는
fila f. 줄
mascada f. 스카프, 목도리
altitud f. 높이
alcanzar v. (-에) 닿다
contenido m. 내용물
codiciado adj. 탐난
exhortar v. 권하다, 권고하다
anfitrión m. (파티 등을 주관한) 주인
misionero m. 선교사
similar adj. 유사한
sacerdote m. 성직자
pluma f. 깃털
ofrenda f. 공물
demonio m. 악마
estrella f. 별
listón m. 끈, 리본
avaricia f. 욕심, 탐욕
lujuria f. 음란, 음탕
mundano adj. 세속의, 속세의
cardinal adj. 기본의, 주요한
satirizar v. 풍자하다, 비꼬다
confeti m. 색종이 조각
harina f. 밀가루

Expresiones

1. Las hermanas de Luis se encargaron de organizar el juego.
   (Luis의 형제들이 놀이를 준비하는 것을 맡았다)

   이 구문에서 encargarse de algo 는 '~하는 것을 맡다'의 의미이다.

2. Con los ojos vendados y un garrote en la mano (눈을 가린 채 막대기를 손에 들고)

3. Lo hizo girar sobre su propio eje antes de dejarlo solo.
   (그를 혼자 놓아두기 전에 그를 빙빙 돌렸다)

   Girar sobre el eje는 '축을 중심으로 회전하다'의 의미로 본문에서는 piñata 게임을 재미있게 하기 위해 눈을 가려놓은 상대를 그 자리에서 어느 정도 돌린 다음에 piñata를 깨는 시도를 하게 한다.

4. Ya eran las nueve de la noche, pasadas. (저녁 9시가 조금 지났다)

   이 표현과 유사한 문장은 다음과 같다.

   Ya era un poco más tarde de las nueve de la noche.

   Ya eran las nueve de la noche y minutos.

   Ya eran las nueve de la noche y unos minutos más.

5. La casa, sobre todo, el patio estaba hecho un asco con toda la basura de las piñatas.
   (집, 특히 마당은 piñata 쓰레기로 인해 매우 더러웠다)

   Estar hecho un asco는 '매우 더럽다, 추잡스럽다'의 의미로 사용되는 표현이다.

6. ¡Qué gran sorpresa se lleva la gente cuando la piñata cae al suelo!

(piñata가 바닥에 떨어질 때 사람들이 얼마나 놀라는지)

이 구문은 감탄의 형식으로 유사표현은 다음과 같다

Qué sorpresa se lleva la gente cuando la piñata cae al suelo.

Vaya sorpresa se lleva la gente cuando la piñata cae al suelo.

Tamaña sorpresa se lleva la gente cuando la piñata cae al suelo.

CONVIVIENDO CON PERROS Y GATOS

Nunca había entendido por qué la gente quería tanto a los animales que tienen en sus casas hasta que tuve la experiencia de tener uno aquí viviendo con nosotros.

Un día Luis trajo a casa un cachorro pastor alemán que le regalaron unos amigos. Era invierno, hacía frío y anochecía temprano. El perrito apenas caminaba, pero trataba todo el tiempo de estar con nosotros. Luego supimos que para los perros la soledad es terrible porque su instinto es pertenecer a una jauría.

Después de los lamentos y promesas de Virgi, Estela, Luis y míos para obtener el permiso de los señores González de guardar y criar al animal, se decidió que el lugar del cachorro sería el patio de la casa.

Compramos una perrera grande que había pertenecido a otro perro creyendo que el perrito iba a quedarse ahí sin ninguna dificultad. Sin embargo, el animalito, que empezaba a reconocer el mundo, de alguna manera supo que esa perrera no era la suya y, por consiguiente, se resistió a vivir ahí.

El cachorro se paseaba por el patio y el jardín adyacente a la cocina y como ahí hay mucha tierra, su pelaje, ya muy voluminoso, se ensuciaba hasta endurecerse de lodo, que se formaba con la humedad del ambiente. Nos reíamos de su aspecto porque con sus pelos parados parecía como si estuviera cubierto de espinas.

Los días pasaban y nosotros no nos dábamos cuenta de que el pequeño animalito sufría de soledad y del frío de la noche. Lloraba y rascaba la puerta con golpes frenéticos como pidiendo cobijo dentro de la casa. Finalmente lo admitimos, pero no más allá de la cocina. Él hubiera querido seguirnos por toda la casa, pero tuvo que conformarse con ese lugar que desde entonces formó parte de su espacio. Comenzaron entonces el aprendizaje y los ceremoniales, recíprocos.

Los perros son animales territoriales. Desde el primer momento ponen marcas, señalan límites, establecen fronteras. Las suyas comprendían desde la puerta de la entrada hasta el umbral que separa la cocina del resto de la casa.

Junto con el territorio nuestro cachorro estrenó nombre. Lo llamamos Tlalhuizzotl, palabra náhuatl que en español significa 'espinoso con tierra' tanto por su pelo siempre enlodado como por sus afilados colmillos con los que destrozaba todo lo que encontraba a su paso como muebles, zapatos, paredes. De hecho esto ocasionó muchos momentos de tensión en casa y de inminente peligro para la corta vida de Tlalhui, como le llamamos en forma más cariñosa y abreviada, porque el presupuesto para zapatos creció de manera alarmante. Los muebles, todavía hoy, muestran la huella de sus colmillos. Algunas paredes tuvieron que ser resanadas y pintadas de nuevo. Pero finalmente aprendimos él y nosotros.

Cuando Tlalhui hacía alguna avería, los ceremoniales consistían en un castigo, es decir, un grito frenético o un regaño seguido de una seria y larga explicación que el perrito escuchaba con ansiedad e impaciencia, a la vez que nos hacíamos mutuamente un gesto de cariño inexplicable. El tiempo de los enfrentamientos, las discordias y las irritaciones mutuas pasó rápido. En pocos meses Tlalhui se transformó en un compañero incondicional, reservado, con una cercanía cuidadosa. Además, como es muy inteligente, ahora sabe distinguir claramente a quién debe hacer gestos de agresividad y con quién juguetear mansamente.

Por ese tiempo, al fondo del patio y en el jardín empezaron a aparecer algunas ratas que amenazaban con invadir toda la casa. Para colmo, Tlalhui, en vez de asustarlas o deshacerse de ellas, gozaba de su compañía. No sabíamos qué hacer para desterrar a las ratas hasta que alguien nos sugirió una solución radical: "Consíganse un gato y olvídense de las ratas para siempre." La solución era buena, pero al principio no sabíamos si podríamos enfrentar el conflicto entre perros y gatos, es decir, entre Tlalhui y el gato que consiguiéramos.

Un fin de semana fuimos a visitar a unos amigos de los señores González en su residencia de campo. Mientras comíamos y platicábamos en el jardín, vimos llegar una familia de gatos. Virgi inmediatamente empezó a jugar con uno de ellos, que a todos nos gustó: casi recién nacido, inquieto, su pelo de tres colores, ágil, despierto.

Los dueños de la casa nos alentaron: "Llévenselo, no son de nadie, es mejor que tenga un dueño." Quisimos atraparlo pero el intento se convirtió en cacería. El pequeño gatito corría desesperado. Brincaba sobre los muebles, trepaba por las cortinas, lo desgarraba todo hasta nuestros antebrazos. Después de un buen rato logramos atraparlo y nos dimos cuenta entonces de que era una gatita. La llevamos a casa y le pusimos el nombre de Miztli que significa 'tigrillo' en náhuatl.

La conmoción mutua duró varios días. Arrancada repentinamente de su ambiente y de su madre, Miztli seguramente se sintió muy despistada y confundida. Permaneció escondida. Sabíamos que comía porque vaciaba el platito en el que poníamos algo de pan remojado con leche para que comiera, pero evitaba todo contacto con nosotros.

Poco a poco empezó a salir de su escondite y a rondar, huraña, alrededor de la casa. Al principio a Luis y a mí no nos perdonó del todo el haberla atrapado, pero a Estela y a Virgi empezó a seguirlas, luego a moverse libremente entre ellas y, por fin, a acurrucarse en sus piernas. Ahora se mueve confiada y tranquila por toda la casa y hasta se queda a dormir en mi cama de vez en cuando.

El Tlalhui venció rápidamente su desconcierto y su agresividad instintiva contra Miztli. Muy pronto se dio cuenta del afecto que la gatita despertaba en todos nosotros y, aunque un poco celoso, prefirió establecer una coexistencia pacífica, pero también cuidadosa, con Miztli. Nunca la atacó, pero tampoco se le acercó demasiado. Tlalhui controlaba sus propios espacios y trataba de mantener a Miztli fuera de ellos. El juego entre ellos se daba todos los días: ella trataba de atravesar la cocina para ganar el patio, el perro procuraba impedirlo. Pero la agilidad e inteligencia de Miztli siempre sorprenden la atención de Tlalhui y ella es la vencedora habitual.

De esta manera y casi sin darnos cuenta Tlalhui y Miztli hacen una vez más realidad lo que ya los náhuatls en tiempos pasados habían observado: el perro nos protege de los males externos, la gata vela por el interior de la casa.

Vocabulario

convivir v. 함께 살다
pastor alemán m. 독일 셰퍼드, 경찰견
instinto m. 본능
lamento m. 호소
pertenecer (a algo) v. ~에 속하다
pelaje m. 농물의 털
endurecerse v. 딱딱해지다
espina f. 가시
cobijo m. 피난처
ceremonial m. 예법
comprender v. 포함하다
palabra f. 단어
colmillos m.pl. 송곳니
discordia f. 불화, 부조화
distinguir v. 구별하다
rata f. 쥐, 큰 쥐
ágil adj. 민첩한, 날렵한
cacería f. 수렵, 사냥에서 잡는 것
trepar v. 매달려 오르다
tigrillo m. 살쾡이의 일종
remojado adj. (액체에) 적셔진
huraño adj. 사람을 싫어하는
coexistencia f. 공존
cachorro m. 강아지
soledad f. 고독
jauría f. (집합) 사냥개 무리
perrera f. 개집
resistirse (a algo) v. ~에 저항하다, 거부하다
ensuciarse v. 더러워지다
lodo m. 진흙
rascar v. 긁다
conformarse v. 순응하다
marca f. 표시
umbral m. 입구, 문간
náhuatl m. 나우아뜰어 (멕시코 원주민어의 일종)
huella f. 흔적
transformarse (en algo) v. ~로 변하다
agresividad f. 공격성
desterrar v. 추방하다
despierto adj. 영리한
brincar v. 뛰다
antebrazos m.pl. 팔뚝
vaciar v. 비우다
escondite m. 은닉처
acurrucarse v. 웅크리다

Expresiones

1. Finalmente lo admitimos, pero no más allá de la cocina.
   (결국 그를 부엌까지만 받아들였다)

   이 구문에서 más allá de algo는 '-을 넘어, -의 저 편에'의 의미이다.

2. El presupuesto para zapatos creció de manera alarmante.
   (구두를 살 예산이 위태로울 정도로 증가했다)

3. Tlalhui y Miztli hacen una vez más realidad lo que ya los náhuatls en tiempos pasados habían observado. (Tlalhui 와 Miztli는 나우아족이 지난 시절 관찰했던 것을 한번 더 현실로 만들었다)

   Hacer realidad algo는 '-을 현실로 만들다'의 의미로 사용된다.

Lectura 24

OTRA LENGUA DE MÉXICO

Cuando te paseas por las diferentes zonas de la Ciudad de México y por sus alrededores, frecuentemente te encuentras con calles y colonias, estaciones de metro y lugares que tienen nombres extraños y difíciles de pronunciar: Coyoacán, Xochimilco, Teotihuacán, Tepeyac, Tenochtitlan, etc. Lo peor es que buscas estos términos en el diccionario y no los encuentras.

El otro día, de camino a la ciudad de Puebla, pude ver los dos famosos volcanes que limitan el valle de México por el oeste. Sus nombres son Iztaccíhuatl (la mujer blanca) y Popocatépetl (la montaña humeante). Ese día visitamos el convento de Huejotzingo y antes de llegar a Puebla comimos en Tlaxcala. La lista de este tipo de palabras es interminable.

Después de haber llegado a México, en una de las primeras clases de cultura que tuvimos en la escuela, me enteré de que todas estas palabras raras tenían el mismo origen. Todos estos vocablos provienen del náhuatl, la lengua que usaban los aztecas, habitantes de estas tierras antes de la llegada de los españoles. El mismo nombre de México tiene su origen en el náhuatl, idioma que también se ha llamado 'mexicano' o 'azteca'.

De hecho el náhuatl no es la única lengua indígena de este gran país.

Los estudiosos de estas cosas nos dicen que es difícil conocer el número exacto de lenguas originarias que se usaban en el territorio que hoy llamamos México, porque ese número no corresponde exactamente al de los diversos pueblos que habitaron este territorio.

Mucha gente que ha visitado sitios arqueológicos que construyeron los mayas, zapotecos, mixtecos o náhuas no siempre saben que se siguen hablando estos idiomas y muchos más de este tipo. Algunos de estos idiomas tienen una variación interna tan profunda que equivale a las diferencias que hay entre el español y el francés. Esta diversidad lingüística se debe a la larga historia de los pueblos de Mesoamérica.

Miles de años antes de la llegada de los españoles a estas tierras (en 1519) ya había poblaciones que hablaban una forma ancestral del otomí, el zapoteco o el mixteco y se calcula que a principios de la era cristiana los grupos náhuas llegaron al centro de México.

En la época en que llegaron los españoles los aztecas habían sometido a muchos pueblos imponiéndoles el pago de un tributo. Entre otras cosas parte del éxito de Hernán Cortés (el español que conquistó México) fue precisamente aprovechar el descontento de los pueblos dominados que se aliaron con él para derrotar a los aztecas. Cortés, apenas desembarcó en lo que hoy es Veracruz, trató en primer lugar con el señor de Cempoala conocido como el 'cacique gordo' de los totonacos, quien de inmediato se puso a sus órdenes. Así pues, un ejército de totonacos acompaña a los invasores españoles en su ruta de Veracruz a México. A lo largo de ese trayecto Cortés fue convirtiendo en aliados a otros pueblos enemigos de los mexicas (= aztecas).

Pero la historia no termina ahí. Al derrotar a los aztecas, los gobernadores españoles se dieron cuenta de que el náhuatl era una lengua usada también, al menos, por los guerreros y las personas importantes de los muchos pueblos que habían dominado los aztecas. Los frailes, que vinieron a convertir al cristianismo a los habitantes de estas tierras decidieron estudiar el náhuatl para predicar el evangelio. Para ello los franciscanos primero y luego otras órdenes religiosas elaboraron gramáticas y diccionarios, tradujeron sermones, escribieron catecismos y así forjaron la forma alfabética del náhuatl.

Con este instrumento se elaboró también gran cantidad de documentación jurídica y administrativa producida tanto por las autoridades coloniales como por las autoridades indígenas, por lo que en archivos y bibliotecas antiguas se pueden encontrar aún hoy cartas, testamentos, registros de compra-venta, etc. escritos en lengua náhuatl.

Pero antes de que el náhuatl pudiera ser escrito con el alfabeto, ya existían otra clase de escritos llamados 'códices'. Los códices son textos compuestos con formas de escritura indígena, a la que los españoles llamaron 'pinturas'. Se conocen códices prehispánicos elaborados por pueblos mayas y mixtecos, pero casi todos los códices de origen náhuatl que llegaron hasta nosotros son posteriores a la conquista, por lo que muchos de ellos tienen glosas en escritura alfabética.

Un fraile llamado Bernardino de Sahagún entrevistó a los viejos de varios pueblos para conocer sus creencias, su historia, sus conocimientos de flora y fauna, la forma como ellos vivieron la guerra de conquista, entre otros muchos temas. Con estas notas y con sus estudiantes de

Tlaltelolco escribió una especie de enciclopedia bilingüe, náhuatl-español, llamada Códice Florentino, que es una fuente invaluable para conocer la historia y la cultura de los antiguos pueblos de México.

Hay muchas clases de códices y su formato es diferente al de un libro. Algunos son como mapas donde se representa un territorio sobre el que sucedieron diversos episodios históricos de una provincia, por lo que son una secuencia de láminas; otros son de una sola hoja o un expediente donde se denuncian los abusos de los conquistadores; otros más son cuadernos donde se registra el pago del tributo, la población que lo pagaba o el nombre de los tributarios. Por ejemplo, en la Matrícula de Tributos se ven, en los dos renglones de abajo, los pueblos que entregaban a México-Tenochtitlan las distintas clases de mantas, trajes de guerrero, cargas de leña, maíz, frijol y vigas para la construcción.

Me enteré de que la investigación de todos estos documentos en náhuatl es relativamente reciente. Los investigadores sabían de su existencia, pero había que ir a consultarlos a los archivos y bibliotecas de los diferentes pueblos en donde se encontraban. Afortunadamente, desde mediados del siglo pasado se han hecho copias exactas de estos documentos y en los últimos años con la reproducción digital se ha facilitado mucho su estudio.

Estos testimonios muestran que el triunfo del español como lengua mayoritaria en México fue un proceso lento y afortunadamente no del todo exitoso, porque cerca de dos millones de mexicanos siguen hablando alguna variante de este náhuatl milenario.

Como una parte de los documentos y archivos del virreinato de la

Nueva España están escritos en náhuatl y la información que nos dan los códices es de gran importancia histórica y cultural, ahora entiendo por qué tantos lugares mantienen sus nombres originales, aunque para los extranjeros sean a veces muy difíciles de pronunciar.

Matrícula de Tributos

Vocabulario

extraño adj. 이상한
volcán m. 화산
convento m. 수도원
provenir (de algo) v. ~에서 유래하다
estudioso m. 연구하는 사람
habitar v. 주거지로 삼고 있다
variación f. 변화
deberse a algo v. ~에 기인하다
ancestral adj. 선조 때부터의
imponer v. 강요하다
aliarse (con alguien) v. ~와 연합하다
cacique m. 추장, 호족
invasor m. 침략자
fraile m. 수도사
franciscano m. 프란시스꼬회 수도사들
sermón f. 강론, 설교
forjar v. 만들다
archivo m. (문서, 기록의) 보관소
glosa f. 주석, 주해
fauna f. 동물 떼
formato m. 형태
expediente m. 서류, 기록
carga f. 화물, 짐
viga f. 대들보, 활대
variante f. 변이형
término m. 용어
humeante adj. 연기가 나는
interminable adj. 끝이 없는
lengua indígena f. 원주민어
territorio m. 영토, 국토
arqueológico adj. 고고학의
diversidad f. 다양성
Mesoamérica f. 멕시코와 중미
someter v. 굴복시키다
tributo m. 공물
desembarcar v. 상륙하다
ejército m. 군대
trayecto m. 여행, 노선
evangelio m. 복음
órden f. 교단, 수도회
catecismo m. 교리서
colonial adj. 식민지의
códice m. 사본, 고문서
flora f. 식물군
fuente f. 출처, 출전
lámina f. 삽화, 그림
denunciar v. 알리다
leña f. 땔나무
proceso m. 과정
virreinato m. 부왕 관구

Expresiones

1. No siempre sabe que se siguen hablando estos idiomas y muchos más de este tipo.

   (이 언어들과 이런 종류의 더 많은 언어들이 계속해서 말하여 지고 있다는 사실을 항상 알고 있는 것은 아니다)

   여기에서 muchos más는 muchos más idiomas로 idiomas가 생략된 형태이다.

2. Cortés, apenas desembarcó en lo que hoy es Veracruz

   (Cortés는 지금의 Veracruz인 지역에 상륙하자마자)

   이 문장에서 apenas는 '~을 하자마자'의 의미이고 tan pronto como 혹은 luego que 등과 호환된다.

3. A sus órdenes. [그 (Cortés)의 명령, 지휘 하에]

NO ES MÁS QUE UN 'HASTA LUEGO'

Muy apreciados amigos:

Los días, las semanas y los meses han pasado volando y esta experiencia de mi vida en México se acerca a su fin. Pronto tendré que regresar a mi patria, pero sinceramente abrigo la esperanza de volver a tener la oportunidad de vivir en un país de habla hispana. Es mucho lo que he aprendido en estos meses, pero estoy convencido de que necesito más tiempo de práctica para consolidar mi aprendizaje del español. ¡Cómo me gustaría poder regresar a México! Sin embargo, también tengo curiosidad en conocer otros países de habla española. Durante los meses de mi estancia aquí, he ido forjando el proyecto de hacer mis estudios de postgrado en alguna de las universidades de España, de México o de algún otro país latinoamericano.

Los cursos que he podido seguir en la academia me han despertado el interés en diversas áreas y todavía no he podido decidir en cuál de todas me gustaría especializarme. La lengua y la literatura españolas son, sin lugar a duda, muy interesantes. Me interesa aprender muy bien el español para poder entrar con facilidad al mundo de la literatura española con toda la riqueza de las obras clásicas de España y la muy variada producción literaria de los países latinoamericanos. Esta sería un área en la que podría seguir estudios de postgrado. Sin embargo, siento también una fuerte inclinación hacia el estudio de la lingüística porque me permitiría profundizar en la riqueza del lenguaje y comprender mejor su estructura, sus raíces, su historia y evolución. Y si bien este aspecto analítico y técnico me atrae mucho, la psicolingüística, que nos ayuda a entender cómo la gente adquiere, produce, usa y comprende el lenguaje y también cómo esta capacidad puede deteriorarse, es un apasionante ámbito de estudio. Mucho me agradaría poder estudiar la psicolingüística porque también me ayudaría muchísimo para poder enseñar la lengua española a otros extranjeros de una manera más científica y efectiva. Pero mi problema es aún más grande, porque durante este año he descubierto, además, la riqueza y la complejidad de la cultura. Y hablar aquí de cultura es referirnos a 20 o más diferentes culturas, porque ese es el número de países que usan el español como lengua oficial. Por supuesto que sería imposible estudiar la cultura de todos ellos y quizá lo mejor sería seleccionar uno en especial, pero esta selección representa ya un reto importante. Mi limitado contacto con la cultura de México me ha fascinado y sería un placer poder estudiar a fondo la riqueza cultural de este pueblo.

Como ven, mi dilema para escoger el área de estudio en la que me gustaría hacer mis estudios de postgrado es bastante serio. Afortunadamente tengo aún varios años para pensarlo, porque primero tengo que terminar mis estudios en la universidad y también tengo que cumplir con mi deber del servicio militar. Durante este tiempo tendré la oportunidad de ir afinando mis intereses y posibilidades y así podré hacer una mejor elección.

Es hora de hacer un balance de mi experiencia en México. No voy a cansarlos con mis reflexiones, solo quiero decirles que ha valido la pena. Como toda experiencia valiosa, no ha sido siempre fácil y ha habido momentos de soledad, de tristeza y alguno que otro malentendido. No obstante, todas estas dificultades solo hacen resaltar el placer y la alegría que producen el descubrir un mundo nuevo con gente distinta en sus costumbres y manera de pensar, pero en el fondo muy semejante en sentimientos y afectos.

Y no puedo dejar de mencionar aquí mi profundo agradecimiento a mi familia adoptiva. Su cariño, su interés y su cercanía me han hecho sentir verdaderamente a gusto. Regreso a Corea con la sensación de que también en México tengo una verdadera familia que me quiere y se interesa por mí. Para mí ha sido una experiencia nueva el tener y poder convivir con hermanos (un hermano y dos hermanas) bajo el mismo techo. He disfrutado enormemente de las conversaciones alrededor de la mesa durante las comidas, los trabajos hechos y las diversiones que hemos tenido juntos y también, por qué no, las pequeñas riñas y enojos que tampoco faltaron. Mi agradecimiento va, en primer lugar, a los señores González por admitirme en su casa y por ser para mí, durante todo este tiempo, unos verdaderos padres.

Y a todos ustedes, queridos amigos, también quiero darles las gracias por darme la oportunidad de compartir con ustedes mis experiencias y reflexiones durante toda esta temporada. Su amistad ha sido un sostén y un estímulo para mí durante esta experiencia y se los agradezco de corazón.

Así pues, me despido de ustedes, pero no quiero decirles adiós sino solo ¡hasta luego!

Y ahora, ¡a seguir adelante viviendo plenamente cada día porque el tiempo pasa pronto y no podemos darnos el lujo de desperdiciarlo!

Mingyu

Vocabulario

volar v. (공중을) 날다
patria f. 조국, 태어난 고향
consolidar v. 강화하다, 굳건히 하다
especializarse v. 전공하다
riqueza f. 풍요, 풍성함
clásico adj. 고전의
lingüística f. 언어학
evolución f. 변화, 발달
psicolingüística f. 심리언어학
capacidad f. 능력
ámbito m. 분야, 영역
referirse (a algo) v. ~에 관련이 있다
servicio militar m. 병역
resaltar v. 두드러지게 하다
techo m. 지붕
estímulo m. 격려
fin m. 끝, 결말
abrigar v. (생각을) 품다
postgrado m. 대학원
literatura f. 문학
obra f. 작품
inclinación f. 의향, 끌리는 마음
estructura f. 구조
analítico adj. 분석적인
adquirir v. 얻다, 획득하다
deteriorarse v. 나빠지다, 해를 입다
complejidad f. 복합성, 복잡성
deber m. 의무
elección f. 선택
mencionar v. 언급하다
riña f. 다툼
desperdiciar v. 낭비하다, 허비하다

Expresiones

1. ¡Cómo me gustaría poder regresar a México!
   (México에 돌아올 수 있다면 얼마나 좋을까!)

2. Sin lugar a duda (의심할 여지가 없이)

3. A fondo (완전하게, 근본적으로)

4. Es hora de hacer un balance de mi experiencia en México.
   (나의 México 경험에 대해 평가를 할 시간이다)

   Hacer balance는 '대차를 맞추다, 수지 계산을 맞추다'의 의미로 본문에서는 '평가하다'로 해석할 수 있다.

5. En el fondo (본질적으로는, 근본은)

6. De corazón (진심으로)

7. ¡A seguir adelante! (전진하자, 앞으로 나아가자)

   이 표현은 'A 동사원형'의 형태로 주로 명령의 의미로 사용된다.

스페인어 마법처럼 일인자되기

초판 1쇄 발행 2012년 2월 28일
초판 2쇄 발행 2013년 2월 28일
초판 3쇄 발행 2015년 8월 20일
초판 4쇄 발행 2019년 8월 27일

지은이	한국외국어대학교 스페인어과 (정혜정 · Alfredo Herrera M.)
발행인	김인철
총괄 · 기획	가정준 Director, University Knowledge Press
편집장	신선호 Executive Knowledge Contents Creator
기획 · 물류	이현진 Planning Expert
사전 · 도서편집	정준희 Contents Creator
전자책 · 도서편집	장혜린 Contents Creator
도서편집	이병철 Contents Creator 이근영 Contents Creator
재무관리	강현주 Managing Creator
발행처	한국외국어대학교 지식출판콘텐츠원 02450 서울특별시 동대문구 이문로 107 전화 02)2173-2493~7 FAX 02)2173-3363 홈페이지 http://press.hufs.ac.kr 전자우편 press@hufs.ac.kr 출판등록 제6-6호(1969. 4. 30)
디자인 · 편집	디자인퍼브 (02)2254-4308
인쇄 · 제본	네오프린텍 02)718-3111

ISBN 978-89-7464-712-4 18770 정가 14,000원

HU:iNE 은 한국외국어대학교 지식출판콘텐츠원의 어학도서, 사회과학도서, 지역학 도서 Sub Brand이다. 한국외대의 영문명인 HUFS, 현명한 국제전문가 양성(International+Intelligent)의 의미를 담고 있으며, 휴인(携引)의 뜻인 '이끌다, 끌고 나가다' 라는 의미처럼 출판계를 이끄는 리더로서, 혁신의 이미지를 담고 있다.

이 책의 음원(mp3)은 한국외국어대학교 지식출판콘텐츠원 홈페이지(press.hufs.ac.kr) – 게시판 – 자료실에서 다운받아 사용하시기 바랍니다.